AF576241

Éditions DIASPORAS NOIRES
www.diasporas-noires.com

© Bocar Gueye 2019
ISBN version numérique : 9791091999915
ISBN version imprimée : 9791091999922
Date de publication numérique : 12 Février 2019
Date d'impression : Février 2019

Mentions légales
Le Code de la propriété intellectuelle interdit les copies ou reproductions destinées à une utilisation collective. Toute représentation ou reproduction intégrale ou partielle faite par quelque procédé que ce soit, sans le consentement de l'Auteur ou de ses ayants droit ou ayants cause est illicite et constitue une contrefaçon sanctionnée par le Code de la propriété intellectuelle.
Toute cession à un tiers de copie à titre onéreux ou gratuit, toute reproduction intégrale de ce texte, ou toute copie partielle sauf pour usage personnel, par quelque procédé que ce soit, sont interdites, et constituent une contrefaçon, passible des sanctions prévues par les lois de la propriété intellectuelle.

Bocar Gueye

L'œil du citoyen

L'engagement

(Chroniques citoyennes)

DÉDICACES

L'œil du citoyen est à la base une chronique hebdomadaire, née après un échange avec deux journalistes sénégalais. Pape Alé Niang, qui est incontestablement une des voix du peuple sénégalais, et Khaly Ndiaye qui fait un travail remarquable au sein de la communauté sénégalaise en France, préservant tous deux l'éthique et l'intégrité que l'on attend de ce noble corps de métier.

Ce livre est dédié à ces compatriotes éparpillés à travers le monde. Ces Africains consciencieux et engagés pour un réel changement de paradigme, vers une évolution des mentalités et des comportements. Qu'ils soient à l'intérieur ou à l'extérieur du Continent, ils restent debout, fiers et dignes dans ce perpétuel et noble combat, afin de sortir l'Afrique des bas fonds de la précarité. Le berceau de l'humanité, embourbé dans les méandres de la corruption, de la concussion, du clientélisme, du népotisme... de l'injustice ambiante, alors qu'elle regorge de richesses naturelles, de cerveaux, d'une population jeune et ambitieuse.

À ces femmes et ces hommes envers qui je ne peux nourrir que de l'admiration ; qui pour les avoir côtoyés dans la vie de tous les jours ; qui pour avoir cheminé avec dans des mouvements citoyens : << la réussite est au bout de l'effort >>.
Le combat continue !

À mes grand-frères Mamadou, Baba et Moustapha GUEYE, pour la lumière et l'inspiration. À mes grandes sœurs Faty, Selly, Aminata, Aïssatou, pour l'amour et la protection qu'elles m'ont apportés. À mon petit frère et ami Ibrahima GUEYE pour son sens du devoir.

À Hadia Fall, Meissa Mbaye, Ousmane Sakal Dieng, Mamadou Lamine Danfakha, Samba Déme, Thierno Touré, Mohamed Hady Niang et tous les membres fondateurs du mouvement citoyen Senegal2bouts.

À Roland Mendy, Abou Dia, Emmanuel Mendy, Ndongo Traoré, Opino Marc Louis Diatta, Paby Bissenty Mendy, Guy Albert Mendy, Mbaye Ciss, Mody Sidibé, Daouda Sané, Sily Sidibé, Samba Diarra, Souleye Ba, et tous les membres de l'Association Génération Grand-Yoff Plus, la liste est tellement longue et non exhaustive...

L'Afrique, le Sénégal a plus que jamais besoin de ses enfants, compétents et consciencieux. Alors, on ne peut que saluer l'engagement de femmes et d'hommes d'envergure. Un clin d'œil à notre grand-frère et ami Boubacar Camara, acteur dans l'arène politique sénégalaise. Une valeur ajoutée au débat politique et technique souvent pauvre et soporifique à souhait.

INTRODUCTION

Ce livre est une sélection de chroniques, un regard incisif sur l'actualité sénégalaise de ces dernières années. Une opinion, une vision avec des arguments, sans chercher à donner des leçons. Car à chacun sa capacité d'analyse, sa foi intellectuelle, ses croyances et son sens du patriotisme.
Le Sénégal appartient aux Sénégalais. Chaque citoyen a une parcelle de responsabilité à cultiver, dans le champ collectif, face à l'histoire. Dans le cercle politique sénégalais, les femmes sont des pièces maîtresses. Faiseuses de rois, mais qu'en est-il de leur véritable statut ? Elles ont contribué à répétition, depuis l'avènement de l'humanité, à faire grandir des hommes. Mais après la victoire finale, on ne les voit que très rarement occuper des postes de responsabilités. Par contre sur tous les fronts, pendant les périodes électorales ; lorsqu'il s'agit de faire du social, de porter un slogan, de sensibiliser, on ne voit qu'elles. Une injustice qui ne peut être réparée que par les hommes qui en ont largement profité et en profitent toujours.

Le parrainage qui a été présenté comme << l'égalité des chances entre candidats à l'élection présidentielle >>, nous aura bien rappelé nos démons, cette gangrène ignominieuse qu'est la corruption. On est passés par toutes les étapes ; de la corruption

intellectuelle à la corruption morale et financière, phagocytant ainsi le socle de nos valeurs culturelles, morales et religieuses. La bourse politicienne a atteint son paroxysme.
Cela fait plusieurs mois maintenant que le parti au pouvoir prédit sa victoire au premier tour, au soir du 24 février 2019. Une autre prédiction à travers des voix d'autorités (ministres et président de la République), après la volonté affichée et confirmée de n'avoir que cinq candidats à l'élection présidentielle. Nous avons vécu pendant cette période de chasse aux signatures, des épisodes d'achat de conscience, de trafic d'influence, des listes de parrainage mises aux enchères, un marchandage éhonté, de tous bords. Une rude compétition sans foi ni loi, où tous les coups étaient permis, des centaines de millions brassés. Entre gladiateurs, marathoniens, routiers et surfeurs politiciens, où chaque canal est devenu intéressant et la médiasphère a l'embarras du choix. Donc une presse divisée, qu'on accuse à tort ou à raison d'être corrompue, selon les prises de position et surtout en faveur de qui.

Le besoin d'un changement de paradigme devient indéniable, mais à quel prix ? Logorrhées et diatribes ostentatoires régulièrement au menu, le programme politique devient une denrée rare, et ostensiblement patraque sous nos horizons. Le messianisme politicien au galop, chacun y va de son plaidoyer. L'homme providentiel n'a jamais été autant plébiscité. Ce marchand d'illusions qui nous a toujours maintenus dans la confusion entre démocratie, gabegie, et ploutocratie. Alors si nous avons encore le droit de rêver, nous attendons de voir aux affaires ce leader, porteur d'idées d'humanité et de justice, au-dessus de la mêlée. Et là, naturellement, les candidats au-dessus de l'idéologie politique, croyant fortement à l'esprit d'équipe, se démarqueront.

Contribuer au dessein politique national et international, être acteur du destin collectif pour le bien de toute une Nation exige beaucoup de sérieux, de rigueur, de lucidité... L'homme politique se doit d'abord d'être conscient de son engagement, faire et non subir l'histoire. Cela ne sert à rien de s'exprimer avec emphase, si au fond tout n'est que néant et abime. L'important n'est pas l'apparence, mais ce qui est en nous, pas le sensible, mais l'intelligible. D'où la nécessité de revisiter les programmes politiques de nos candidats. Nous voulons tous, au-delà de l'indignation collective sur la situation économique et sociale de notre pays, un changement salutaire et de manière inclusive. Alors nous attendons de nos candidats à la magistrature suprême, un discours au-dessus du baragouin politicien habituel. Un message, fort, clair, net et précis, loin du populisme ambiant : du concret, après un diagnostic de plusieurs décennies.

Parmi les marathoniens, il y a ceux qui se sont << bien >> préparés, les uns qui pensent pouvoir participer parce que tel est partant, les autres qui savent pertinemment qu'ils sont inaptes physiquement et sous-équipés, mais malgré tout se voient partants, au risque de passer aux yeux des incrédules pour de simples losers. Sans parler des politiciens transhumants, ces individus qui sans gêne, ravalent leur vomissure, si on se base sur l'évolution de leurs propres déclarations. Des girouettes humaines, qui osent adopter des comportements d'animaux, car la transhumance est propre au bétail. Le courage politique appelle à la force de caractère conceptuelle, la foi aux valeurs républicaines et l'implication dans la vie publique, exclusivement au service de la Nation. L'utopie politicienne reste un fantasme, même si les plus grandes réalisations de ce monde naissent souvent de projets utopiques.

L'opposant Sonko est au cœur du débat politicien, ce qui est normal au vu de son ascension. Il incarne le renouveau ; l'espoir

pour certains, l'ambiguïté et la crainte pour d'autres. Personnellement, ce qui m'intéresse est : est-il un leader ? Oui. Est-il meilleur que les autres ? C'est à lui de le prouver. Je ne suis pas fan de l'homme providentiel, car convaincu que c'est la somme de tous nos efforts qui sortira notre pays de sa léthargie. Et nous nous devons d'être exigeants vis-à-vis de nos prétendants à la magistrature suprême. Des programmes politiques !
Alors, tous ces émotifs et réactionnaires qui pullulent sur les réseaux sociaux, desservent leurs leaders et finiront d'une certaine manière, par tuer le débat politique. On découvre de plus en plus d'apprentis dictateurs virtuels, adeptes de la pensée unique. Ils ne leur apporteront rien de positif, mis à part des velléités néfastes à leur image. Leurs sorties aériennes et agressives, n'ont d'effet que sur les apathiques. Rodomontade, pyromanie et larbinisme au menu.

Il est clair que l'organisateur et compétiteur, le président sortant Macky Sall, veut gagner dès le premier tour. Et au vu de ce qui se passe depuis plusieurs années maintenant, la manière lui importe peu. Les vieux routiers ont repris du service. Les surfeurs entre l'attente de la bonne vague et la concurrence avec les autres collègues, sont plus que jamais à l'affût.
Le citoyen censé choisir celui qui lui ressemble le plus, a bien sûr les cartes en main. Mais la question est, saura-t-il les utiliser à bon escient, assumant au passage son choix dans l'avenir ?
Oui, nous ne cesserons de faire confiance à ce peuple, qui, dans les grands moments, se pare de ses plus beaux habits et atours : sens du patriotisme et de l'honneur. Avec jadis, cet esprit critique et révolutionnaire.

Bocar GUEYE

La fidélité dans l'engagement, sur tout ce que l'on entreprend, la sincérité qui en découle, une synergie capable de faire tomber toutes les barrières. Un pacte de noblesse et de dignité, mû par un sentiment de désintéressement. Un dur combat contre soi-même, que malheureusement la cupidité et le désir de paraître finissent ostensiblement par traduire en pur opportunisme.

Bocar GUEYE

1. Députés ou dépités de la Diaspora ?!

Publié le 23 juin 2016

<< La conscience est l'âme de la science... Se complaire dans son malheur est un suicide quotidien, sauf que la cupidité, l'abjecte gloriole des distinctions sociales est amaurose. >>

Bocar GUEYE

Nous assistons dernièrement à la naissance de myriade de mouvements politiques dans la diaspora sénégalaise. C'est même devenu récurrent, donc problématique à chaque fois qu'une échéance électorale se pointe à l'horizon. Mais ce qui nous interpelle aujourd'hui, c'est cette course effrénée vers des listes de << députés de la Diaspora >>. Oui, des Sénégalais de l'Extérieur parlent de députation et se bousculent sur des listes. Cela peut prêter à sourire, vu toutes ces autres diasporas imposantes de par leur organisation, leur poids économique et leur potentiel humain; les Chinois, les Indiens, et tant d'autres communautés qui contribuent activement au développement de leur pays d'origine, sans se soucier de postes de députés. Ces patriotes consciencieux aspirent à un meilleur traitement dans leur pays d'accueil, grâce à l'appui et au respect des autorités de leur pays d'origine.

Partant de ce constat, et des nombreux discours tenus par ces mêmes activistes qui hier combattaient avec véhémence les réformes proposées par le régime en place, et qui aujourd'hui sous leurs soubresauts euphoriques veulent s'ériger en représentants des Sénégalais de l'Extérieur, il y a de quoi se poser des questions. Car il n'est pas donné à n'importe qui cette grandeur d'âme qui peut faire d'un citoyen, le représentant de toute une communauté. Mais si l'ambition est noble, légitime, loin des alliances purement politiciennes, je n'aurais aucun scrupule à me ranger derrière tout individu qui incarnerait une alternative pour notre cher Sénégal. Cependant, sans occulter que l'homme providentiel n'existe pas, seule une union des cœurs et des esprits pourrait nous porter vers une transformation salutaire.

Ainsi un combat citoyen tend à devenir l'apanage de tous les démocrates intègres épris de justice et de bonne gouvernance, mais ce serait se tromper que de l'appréhender sous le prisme de nos dogmes. La prise de conscience est nécessaire, sauf qu'il ne sert à rien de s'exprimer avec affectation quand au fond tout n'est que néant et abîme. L'important n'est pas l'apparence mais ce qui est en nous, pas le sensible mais l'intelligible. Car le peuple n'est pas dupe. Quand le destin de toute une Nation se joue, le combat dépasse un homme, un parti politique, une confrérie ou une ethnie. Cela concerne tous les enfants du Sénégal, de l'est à l'ouest, du nord au sud en passant par la diaspora. Un engagement patriotique sans équivoque, loin de tout chauvinisme, dépourvu de tout égocentrisme.

J'ai lu quelque part que << la démagogie est à la démocratie ce que la prostitution est à l'amour >> Georges Elgozy. Seul un esprit exigu et sélectif pourrait se prendre pour le Messie. Il serait plus judicieux de chercher à protéger et cultiver avec vigueur et ardeur notre minime parcelle du champ politique national, en nous projetant vers un avenir commun. C'est la somme de tous nos efforts individuels et collectifs qui aboutira à notre idéal de société. Car il y a du bon en chacun de nous. L'expérience des Sénégalais de l'Extérieur doit être au service du Sénégal, c'est une évidence. Mais si nous voulons innover dans la diaspora, commençons d'abord par considérer que nos consulats et ambassades font partie intégrante de notre territoire national, et les employés de ces services de nos États, leurs représentants légaux. Alors quel doit être notre combat ?

Nous battre pour une meilleure représentation de notre diplomatie à l'étranger, avec des femmes et des hommes neutres qui incarnent les vraies valeurs proches du peuple, ou en se disputant des postes de députés dans une Assemblée nationale qui ne cesse de briller par son manque d'inspiration et d'équité, loin des réalités du peuple et constamment au service du pouvoir ?
Être député de la Diaspora, c'est représenter qui exactement ? Entre les Sénégalais de l'Extérieur, libres de soutenir le pouvoir en place ou de militer dans l'Opposition, voire celui qui n'est intéressé que par sa condition d'immigré, totalement absent du débat politique. Non ce n'est juste pas possible ! Le rôle premier d'un acteur politique doit être de mettre son intelligence au service du développement et du bien-être de son peuple, de promouvoir exclusivement l'intérêt du peuple, et non de chercher à duper son peuple. Sachant que notre diaspora est omniprésente en Afrique, et que dans certains pays, nos compatriotes se retrouvent dans des situations où leurs droits sont bafoués sans aucun moyen de se faire justice.

Combien de nos compatriotes vivent dans la précarité en Occident à cause de lenteurs administratives, ou d'un manque d'assistance, de bonnes informations sur leurs droits et devoirs ?

On ne peut pas vouloir une chose et son contraire. Ces exemples et références aux mouvements espagnol << PODEMOS >> et grec << SYRIZA >>, des locaux qui se sont levés contre un système, sans jamais compter sur leur diaspora pourtant beaucoup plus importante que la nôtre, prouvent une fois de plus l'impertinence de ce projet dont l'initiateur lui-même tarde à trouver des explications qui tiennent la route. Un cadeau empoisonné qui ressemble plus à une mascarade pour diviser les acteurs politiques de la diaspora, dont certains semblent ne s'activer que pour retrouver une place sous l'ombre de l'arbre à palabres.

Ce que le citoyen lambda peut attendre de sa diaspora, c'est un soutien logistique, ce n'est pas la matière grise qui lui manque mais les moyens. N'ayons pas peur de le dire, nous sommes tous conscients de nos maux. C'est la recherche de solutions, de manière désintéressée pour le seul intérêt de notre Nation dont nous avons besoin. L'apport financier que nous envoyons à nos familles, avec son corollaire de charges et de taxes est de bonne guère. Mais l'idéal serait de se concentrer sur des projets de développement, de l'enseignement technique à l'agriculture et l'élevage, en passant par la création d'entreprises. Certes, l'expérience de la diaspora peut et doit servir au pays, mais rien ne se fera sans l'union des cœurs et des esprits. En être conscients serait déjà un bon début, car l'unité ne se décrète pas, elle se crée !

Commentaire ajouté le 10 septembre 2018 :

J'ai écrit cet article en tant qu'acteur dans le débat citoyen et politique des Sénégalais de l'Extérieur. Ayant côtoyé pendant plusieurs années les activistes sénégalais de Paris, j'ai occupé les postes de secrétaire général de trois associations et président d'une quatrième.

- Une première association de mon village d'origine, Taïba Ngueyenne dans la région de Matam. Des parents immigrés, travailleurs infatigables et acteurs de développement de leur village. Ils ont tout construit (établissements scolaires, poste de santé, mosquée...) avec leurs différentes caisses, du Gabon au Sénégal, en passant par l'Italie et la France. Avec eux, j'ai appris à être plus solidaire dans l'effort humain et financier pour une juste cause. Découvrant ainsi, la concurrence dans l'action, une rivalité saine pour la prospérité de la localité.

- Une deuxième association qui se battait contre les inondations à Grand-Yoff (Grand-Yoff Debout). Un combat difficile depuis l'extérieur, mais qui m'a permis d'apprendre énormément et de comprendre le poids de nos politiques, la mentalité de certains de nos compatriotes qui pensent que l'immigré peut certes contribuer financièrement, mais n'a pas droit à la parole. Oubliant au passage, que nous sommes nés, avons grandi dans ce pays, dans ce quartier populaire pour certains; et le plus important, nous aimons le Sénégal qui nous a forgé et à qui nous devons tout.

- Une troisième association (2mains-un temps pour l'autre) dont l'objectif est d'encadrer, d'aider les enfants issus de l'immigration, particulièrement du Sénégal. En leur donnant la possibilité d'aller visiter leur pays d'origine en colonie, organisant des spectacles où ils sont acteurs : en tant que comédiens, conteurs de la littérature africaine, chorégraphes, petits top modèles mettant en exergue les vêtements traditionnels... Le tout dans un mélange culturel africain. Un bonheur de vivre ces moments-là, avec des femmes et des hommes engagés malgré les contraintes sociales, à contribuer activement à l'éducation de nos enfants face au choc culturel, et à la préparation de leur avenir, tant social que sociétal.

- Une quatrième association ou mouvement (Sénégal2bouts). Des citoyens engagés à défendre les intérêts de la Nation sénégalaise. Un projet titanesque, plusieurs mois de réunions physiques et virtuelles, de belles rencontres avec des esprits fertiles, des Sénégalais fiers et conscients. Une école de la vie politique sénégalaise, mais aussi un regroupement de jeunes patriotes qui n'ont malheureusement pas su préserver l'intérêt commun, face aux problèmes d'égo.

Nous avons vécu le référendum du 20 mars 2016, avec la victoire du Oui et plus tard les législatives, avec l'élection des députés de la Diaspora. Les députés de la Diaspora ont été élus, alors on attend de voir leur représentation dans l'hémicycle. Car pour le moment, on n'a rien à se mettre sous la dent, et j'aimerais avoir tort sur l'inutilité, le non-sens d'un député de la Diaspora.

2. L'urgence est ailleurs !!!

Publié le 28 février 2016

Le référendum du 20 mars aurait pu passer comme un simple coup d'épée dans l'eau, mais il nous coûte trop cher pour être banalisé. La preuve une fois de plus, du gap énorme qui sépare le peuple sénégalais de ses dirigeants coincés dans une bulle atypique. Nous n'avons décidément pas les mêmes préoccupations.
Un Sénégal rétrogradé parmi les derniers de la classe. Une croissance qui n'arrive pas à décoller pendant que d'autres pays africains meurtris par des années de guerre, réussissent à émerger, on nous cantonne dans des débats purement politiciens. Cette fois-ci, pour le choix entre 7 ou 5 ans de mauvaise gouvernance, nous dirons que seul, l'amateurisme ne peut justifier certains comportements. Car en y rajoutant le corollaire de sujets préoccupants qui risquent d'être occultés par cette histoire de «wax-waxeet », la vase est à ras bord.

L'éthique dans la politique est possible et elle permet d'établir des règles, des principes moraux qui régissent son mode d'action et de fonctionnement dans la société. Si notre cher Sénégal est pointé du doigt comme une société en perpétuelle perte de valeurs et d'éthique, nous le devons en grande partie à nos hommes politiques à qui nous avons accordé notre confiance,

pour présider notre destinée, et nous guider vers les sommets. Si leur parole n'a plus aucune valeur aux yeux de nos enfants, où iront-ils chercher des références pour demain ?
ÉDUCATION, JUSTICE, SANTÉ, AGRICULTURE, ÉLEVAGE, AUTO-SUFFISANCE ALIMENTAIRE, SÉCURITÉ NATIONALE, ÉCONOMIE, INFRASTRUCTURES, etc...

Nous avons la nette impression d'être un pays sous perfusion, tant l'immobilisme dans les secteurs clés pour le développement d'une Nation est palpable. Alors, de grâce ne nous laissons plus divertir par ces marchands d'illusions, qui ont cette manie de nous détourner de l'essentiel en nous imposant à répétition, des débats partisans, fades, sans aucune once d'objectivité. Car l'actualité c'est aussi la justice à deux vitesses dans ce pays, une pour les célébrités, une autre pour le bas peuple. L'actualité c'est encore la Gambie qui a, pour la énième fois, augmenté d'une façon soudaine et radicale, les taxes à percevoir sur les véhicules sénégalais en transit sur son territoire. Ce qui éloigne une fois de plus, la Casamance du reste du Sénégal. Et pendant ce temps, nous assistons à une bataille entre le gouvernement et la mairie de la capitale pour une réfection de la place de l'indépendance. Encore et toujours du saupoudrage préélectoral. C'est injuste dans un pays souverain où ses propres enfants ne peuvent avoir la liberté de circuler de l'est à l'ouest et du nord au sud. N'est-ce pas plus judicieux de se battre pour rétablir l'axe Dakar-Tambacounda-Ziguinchor, route et ferroviaire, et s'investir autant sur les infrastructures et le développement économique et social dans toutes les autres régions du Sénégal ?!

Concernant le projet de réforme de la constitution que propose le Président de la République, nous pensions qu'il s'agissait de matérialiser une promesse de réformer nos institutions pour que notre pays atteigne un niveau de démocratie tel que certaines questions liées au renouvellement du personnel politique au pouvoir soient définitivement réglées. Or, la démarche du Président est plus qu'inquiétante. En effet, la majorité des juristes libres et indépendants de ce pays sont arrivés à la conclusion qu'aucune disposition constitutionnelle n'oblige le Président de la République à suivre l'avis du Conseil constitutionnel sur le projet de réforme envisagé. Cela veut dire que le Président de la République a sciemment voulu se renier en ne respectant pas sa promesse de réduire son mandat de 7 à 5 ans.

Dans le projet figure aussi le caractère intangible du quinquennat au même titre que la forme républicaine de l'État. Autrement dit, pour l'éternité, les mandats présidentiels ne pourront plus être touchés. Le quinquennat s'appliquera ad vitam æternam.
Le mouvement S2B émet de sérieuses réserves sur la pertinence d'une telle mesure. Notre monde évolue. Les situations économiques et sociales sont en perpétuelles mutations. Pouvons-nous aujourd'hui être sûrs que le quinquennat sera pour l'avenir la durée du mandat présidentiel la mieux adaptée au contexte dans lequel notre pays se trouvera ? Aux États-Unis, la durée du mandat du Chef de l'État est de 4 ans. Dans d'autres pays, les mandats sont plus ou moins longs. Le débat est ouvert. Pour notre part, la question de la durée du mandat présidentiel est inhérente aux besoins et réalités contextuelles du pays et qu'il ne faudrait nullement la rendre intangible.

Une autre question nous interpelle, puisque nous n'avons nulle part vu dans le projet de réforme, un article précisant que l'actuel mandat du Président de la République est pris en compte dans le décompte. Au regard de l'avis du Conseil Constitutionnel qui ne veut pas que la réduction concerne le mandat en cours, il est aisé de comprendre que ce même Conseil accepte une troisième candidature de l'actuel Président de la République au motif que ce mandat de 7 ans ne fait pas partie du décompte. C'est exactement ce qui s'était passé avec l'ancien Président de la

République. Sans parler de la modification de l'article 26 avec la disparition de la référence à un scrutin majoritaire à deux tours.
En considérant tout ceci, la question de l'opportunité du référendum se pose.
C'est impertinent d'organiser un référendum dans un aussi court délai, sans oublier le coût exorbitant d'un scrutin qui pourrait être évité en soumettant à l'Assemblée nationale le vote de la réforme vu que sa substance, à savoir la réduction du mandat en cours, a été enlevée.
Pour terminer, le mouvement Senegal2bouts pense qu'un Président de la République qui renie de manière aussi brutale et attendue sa parole ne mérite plus notre confiance. S'il a encore la légitimité populaire du fait des suffrages recueillis en 2012 auprès du peuple sénégalais, il ne peut plus revendiquer une légitimité morale. À défaut d'obtenir l'annulation pure et simple de ce simulacre de référendum, nous lançons un appel solennel au peuple sénégalais pour voter Non le 20 mars 2016. Dire oui ou boycotter ce référendum serait synonyme de cautionnement d'un comportement qui va à l'encontre de toutes nos valeurs.
« ON NOUS TUE, MAIS ON NE NOUS DÉSHONORE PAS !» ne doit pas être un simple slogan, mais un cri du cœur contre l'injustice, un hommage à nos valeureux ancêtres pour qui la parole était sacrée. Nous disons et votons NON pour l'honneur de la PATRIE !

Au-delà du référendum, le mouvement SENEGAL2BOUTS appelle à la mobilisation du peuple sénégalais afin de rendre minoritaires le Président et son camp lors des prochaines législatives de 2017 avant de le bouter hors du pouvoir lors de la prochaine présidentielle, car un Président qui ne respecte ni ses engagements pris ni sa parole donnée, nous n'en voulons pas !
SENEGAL2BOUTS

3. Vivre ou survivre de mendicité !

Publié le 7 juillet 2016

<< Souvent, le colonisé ressemble un peu, ou l'ex-colonisé lui-même, à cet esclave du 19e siècle qui libéré, va jusqu'au pas de la porte et puis revient à la maison, parce qu'il ne sait plus où aller... Depuis le temps qu'il a appris des réflexes de subordination, depuis le temps qu'il a appris à penser à travers son maître.

Cheikh Anta Diop

Commençons par saluer ce geste louable des autorités sénégalaises, qui consiste à lutter contre la mendicité infantile. Ces enfants de la rue, trop souvent abandonnés à leur sort d'âmes perdues, armée des ombres errantes au quotidien, innocentes victimes d'un ostracisme révulsant. L'action doit briser la velléité sur une situation qui n'a absolument rien à voir avec l'enseignement coranique d'antan, appelé à la rescousse à chaque fois que ces pratiques délétères sont dénoncées. Le gap est énorme entre l'enfant à qui on apprend des valeurs comme l'humilité, en l'envoyant chercher de la nourriture dans un environnement où il est connu et reconnu comme fils de..., et celui enlevé de son village natal, laisser pour compte dans une grande ville, avec comme première mission de nourrir et d'entretenir la famille de son bourreau. Un fonds de commerce, une exploitation indigne, que rien ne peut justifier. Aucune possibilité d'amalgame pour les gens de bonne foi. Cette pratique est bien loin de nos valeurs culturelles, traditionnelles et religieuses.

Un enfant << talibé >> dans ces conditions-là n'apprend rien de la parole de Dieu, mais devient esclave d'un maître véreux, inculte, sous le regard complice et condescendant des populations. À cause de parents qui démissionnent face à leurs responsabilités, ils sont en proie à tous les vices. Le dénoncer n'a rien d'abstrait, de subversif, ou d'une quelconque conspiration contre la religion, mais un pas vers le réajustement de nos propres réalités culturelles et morales, qui craquent sous les rafales du misérabilisme. Chercher à éradiquer ce fléau est un noble combat que tout citoyen consciencieux devrait épouser, mais qui donc est mieux placé que l'État pour s'en occuper ?!
Respect à toutes ces organisations désintéressées qui se sont levées depuis plusieurs années maintenant, pour lutter contre ce phénomène aux antipodes de nos valeurs. Des femmes et des hommes qui assistent et soutiennent des enfants de la rue, du bénévolat loin des calculs politiciens.

Un adulte responsable de ses actes, peut, à la limite de ses droits choisir sa route selon ses convenances. Mais un enfant doit être protégé, guidé et ses droits défendus âprement.
Les << daaras >> doivent être structurés au même titre que l'école occidentale, car tous les enfants qui fréquentent ces établissements constituent l'avenir de la Nation. Des enfants bien encadrés, bien éduqués, pour une jeunesse saine, préparée à l'élévation du pays. Et en poussant la réflexion un peu plus loin, on peut retomber dans les travers de l'exode rural, avec son corollaire de marchands ambulants. Nos autorités devraient plus s'activer sur la décentralisation, et s'investir davantage dans

l'éducation, l'agriculture et l'élevage, dans l'ensemble du territoire national. Depuis le temps qu'on en parle, il serait plus que judicieux de s'atteler à sa concrétisation pour le bien-être de tous.

Ce débat sur la mendicité nous fait donc penser à un autre sujet, le rapport entre dominants et dominés, cette relation attentatoire qui lie nos dirigeants à ceux qui dictent leur conduite. À la différence des enfants contraints à la soumission, eux sont responsables de leurs actes, et ont choisi de rentrer dans l'histoire à reculons. Une certaine élite portée au pinacle pour assouvir un sombre dessein, au détriment du peuple et de ses aspirations. Nous sommes souvent enclins à dénoncer les vicissitudes, corollaire de cette relation déséquilibrée entre nos États supposés être souverains et leurs maîtres. Une prédominance due notamment au complexe d'infériorité de certains de nos gouvernants, qui, sous le joug de la mendicité refusent de couper le cordon, s'érigeant en parfaits larbins des puissances internationales. Ils sont prêts à tout pour garder leurs avantages temporaires. Ainsi << l'ex-colonisé >> de Cheikh Anta Diop et le << le mendiant >> de Thomas Sankara, rejoignent le << nègre de maison >> de Malcolm X, et en bons sujets de Sa Majesté, ils rivalisent d'ardeur pour préserver leurs acquis au détriment de leur peuple. Mis à part la mendicité d'état, ils refusent crânement de travailler sur des programmes de développement, afin de briser définitivement les chaînes.

Toujours sous la coupole des indépendances de façade, ce paravent qui masque un système d'extorsion permanente, nos ressources sont bradées à vil prix par des histrions politiques de seconde main. L'aptitude de nos dirigeants à copier les pires défauts des anciens oppresseurs, est certainement due au mauvais mimétisme consommatoire. Alors, un changement de paradigme s'impose, car il y a des petites libertés formelles qui valent mieux qu'une utopie d'indépendance sur fond d'un totalitarisme intégral. Au-delà des apitoiements dédaigneux et d'une vision doloriste que certains ont de nos pays, une convergence unique des patriotes est vitale. La première caractéristique des ennemis du peuple est d'être réversibles comme une girouette qui tourne au gré du vent. Ils sont toujours prompts à défendre toutes les causes, avec des théories subversives, en dénaturant la réalité au besoin. D'où la nécessité de rester vigilants face à une certaine frénésie idéologique, des épanchements aléatoires et autres dissertations savantes, loin de nos réalités. Il est trop aisé de railler une utopie dès lors qu'on lui substitue une chimère tout aussi contestable. L'écoute, l'acceptation du dialogue, des dissonances savoureuses et autres contradictions fécondes sont nécessaires pour une évolution des mentalités. A fortiori de celui du citoyen qui se revendique engagé, mais trop souvent borné parce que tellement imbu de lui-même.

Commentaire ajouté le 10 mars 2018

Malheureusement, le phénomène des enfants talibés est encore présent dans notre société. Cela fait mal de les voir errer dans la rue, mendier la nourriture ou l'argent, au lieu d'être à l'école (coranique ou occidentale). Exposés à tous les dangers, se faufilant entre les voitures, est malheureusement devenu une partie de notre réalité quotidienne, un pan du décor. Comme écrit dans l'article, les enfants sont des innocentes victimes de la mendicité, mais que dire de nos dirigeants qui gouvernent avec la main tendue ? Le travail doit être une religion chez nous, pour enfin porter le Sénégal, voire le continent africain vers les sommets.

4. Orange: une exploitation abusive, avec la complicité de l'État sénégalais au détriment du peuple.

Publié le 12 août 2016

<< Le plus important, je crois, c'est d'avoir amené le peuple à avoir confiance en lui-même, à comprendre que, finalement, il peut s'asseoir et écrire son développement ; il peut s'asseoir et écrire son bonheur ; il peut dire ce qu'il désire. Et en même temps, sentir quel est le prix à payer pour ce bonheur. >>

Thomas Sankara

Il y a près de 20 ans, par le truchement d'un décret du 19 juillet 1997, France Télécom marquait son entrée dans le capital de la SONATEL comme actionnaire principal. Officiellement, l'objectif était en tant que partenaire stratégique, dans un premier temps d'aider la SONATEL à gagner des parts de marché dans la sous-région, et par la suite exporter l'expertise locale. Mais depuis lors, après avoir mis à mort tout un segment de l'économie locale qui profitait du développement des télécoms (disparition des télécentres avec 35 000 emplois perdus, faillite de 14 fournisseurs d'accès internet avec des centaines d'emplois perdus), France Télécom s'est attelé systématiquement à un pillage des maigres ressources du peuple sénégalais à travers la SONATEL.

De 2013 à 2015, France Télécom a reçu de la SONATEL 271 milliards en dividendes, sans compter l'ensemble des transferts internes liés au paiement des prestations de services et autres frais de gestions facturés par France Télécom, paiement de taxes d'utilisation de la marque Orange plus de 1% du chiffre d'affaires (plus de 25 milliards encaissés en 3 ans), ainsi que les 20% de la croissance du résultat d'activités qui sont prélevés sur le bénéfice avant même la rétribution des actionnaires.

À cet accaparement des richesses de la SONATEL, il faut ajouter celui de son réseau par le détournement de trafic, le contrôle total de la stratégie de la SONATEL ainsi des produits, services et applications sont imposés par France Télécom, la nomination de Français à tous les postes clés du groupe, le blocage systématique de la croissance externe de SONATEL et enfin le projet d'externalisation en cours pour démanteler le groupe SONATEL. Voilà une société construite et développée à 100% par des cadres et agents sénégalais avec des filiales au Mali, en Guinée et en Guinée Bissau, pillée depuis près de 20 ans par France Télécom, à qui le gouvernement du Sénégal vient de prolonger la concession pour encore 17 longues années pour la modique somme de 68 milliards de FCFA. Cerise sur le gâteau : le gouvernement lui octroie ensuite des fréquences 4G à vil prix : 32 milliards de FCFA. Cette convention a consacré le bradage de la SONATEL.

Le démarrage de la commercialisation de la 4G par SONATEL/Orange en ce mois de juillet 2016 est la confirmation que le décret portant approbation de la concession et du nouveau cahier des charges de l'opérateur a été signé.

Aucune publication ! Tout a été fait en catimini, dans le plus grand secret par le gouvernement et France Télécom. Cela dénote de l'opacité du dossier de prolongation de la concession et de l'extension au réseau 4G. S'il est acquis que « nul n'est censé ignorer la loi », cela suppose en amont que les formalités de publication soient faites, et en toute transparence. Tel n'est pas le cas dans cette affaire avec le gouvernement, incapable de travailler dans la transparence pour préserver les intérêts nationaux. Le seul et l'éternel perdant, est le Peuple sénégalais.

De par l'incompétence notoire et un manque de vision criarde de nos autorités, le Sénégal vient d'être dépossédé pour 17 ans d'un instrument de politique économique, sociale et culturelle, susceptible de jouer un rôle-clé dans sa stratégie de développement. Ces mêmes dirigeants qui ne cessent de nous bassiner avec le Sénégal << émergent >>, un mot galvaudé à outrance, viennent encore une fois de nous démontrer que le patriotisme est loin de leur idéologie politique. Ainsi France Télécom continue de faire de la SONATEL sa vache laitière et du Peuple sénégalais son pigeon avec la complicité du gouvernement.

Elle se frotte déjà les mains et s'est empressée de commercialiser dès ce mois de juillet 2016 la 4G alors qu'il n'y a aucune mesure d'accompagnement prévue, ni par les autorités encore moins des opérateurs pour les utilisateurs.

Les Sénégalais n'ont pas encore en majorité des téléphones portables compatibles 4G. La puce 4G, qui pouvait être donnée gratuitement, est vendue à 1000 FCFA par Orange. Par rapport au niveau de vie, les tarifs 4G d'Orange sont exorbitants, 10 000 FCFA pour 5Go de données mobiles, qui s'épuisent beaucoup plus rapidement qu'en mode 3G. Orange, tout en n'offrant pas une 3G de qualité aux Sénégalais, leur propose le réseau 4G. Nous ne nous faisons aucune illusion quant à la qualité déclarée. En réalité, c'est un leurre car Orange n'offrira jamais le débit théorique de 150 Mbps. Une 3G de qualité (42 Mbps) permet de faire tout ce que la 4G offre et les Sénégalais ne l'ont jamais obtenue d'Orange. Seules 3 villes du Sénégal (Dakar, plus exactement son centre-ville, Saly et Touba) sont couvertes par le réseau 4G d'Orange. C'est dire l'utilisation limitée du service. Tout citoyen épris de justice et de bonne gouvernance devrait se poser les bonnes questions en ce qui concerne l'intérêt commun de la Nation. Accepterons-nous de continuer à être considérés comme des vaches à lait, qui ne réagissent jamais à temps et qui excellent dans la lamentation, ou déciderons-nous de nous lever pour mener ensemble ce noble combat ?

La privatisation et la libéralisation du secteur des télécommunications étaient présentées par le gouvernement de l'époque en 1997 (Habib Thiam, Premier Ministre, Mamadou Lamine Loum, Ministre de l'Économie des Finances), comme le gage d'une plus grande efficacité économique et la condition sine qua non d'une entrée réussie du Sénégal dans la société de l'information. Et les objectifs recherchés étaient : la modernisation des infrastructures, l'accroissement de la couverture réseau, la réalisation du service universel, l'amélioration de la qualité de service, la diversification de l'offre de services, et enfin la baisse des prix. Objectifs dont l'atteinte était présentée comme difficile, voire impossible, par un opérateur public.

À l'heure de l'évaluation, le bilan est implacable : la réforme du secteur des télécommunications au Sénégal n'a pas atteint les objectifs recherchés. Tous ces effets n'ont certes pas été négatifs mais le développement du secteur des télécommunications a plus profité à quelques minorités (France Télécom, État du Sénégal, actionnaires privés, équipementiers étrangers, etc.) qu'au Peuple sénégalais pour qui les opportunités offertes par la Société de l'information restent toujours inaccessibles. La SONATEL est devenue aujourd'hui un mastodonte qui écrase tout sur son passage et qui non seulement ne donne pas aux Sénégalais des services de qualité, accessibles à des prix abordables, mais pire encore, elle plombe le développement de toutes les entreprises sénégalaises dont les activités dépendent des TIC.

Pour toutes ces raisons, quelques compatriotes consciencieux, déterminés parce qu'armés de la foi patriotique se sont retrouvés autour de l'ASUTIC (L'Association Sénégalaise des Utilisateurs des Technologies de l'Information et de la Communication), pour défendre crânement les intérêts du peuple. Ces femmes et ces hommes engagés dans ce combat inégal, ont besoin du soutien de ces millions de victimes sénégalaises comme eux, et appellent à une coalition, la plus large possible de la société civile, pour la sauvegarde des intérêts nationaux. Ils estiment à juste titre que la commercialisation de la 4G par Orange lui offre une autre occasion en or de continuer à arnaquer le peuple sénégalais.
Gageons que les autorités prennent enfin conscience des enjeux véritables et des conditions de réussite de la mise en œuvre de la 4G et veillent pour une fois aux intérêts du Peuple sénégalais. Mais hélas !!!

Bocar GUEYE en collaboration avec Mr Ndiaga GUEYE président de L'Association Sénégalaise des Utilisateurs des Technologies de l'Information et de la Communication (ASUTIC)

5. Tabaski citoyen : une psychose pour l'extrême majorité des pères de famille sénégalaise.

Publié le 5 septembre 2016

<< *Rien en ce monde n'a de valeur s'il arrive sans effort, et l'âme n'éprouve pas le besoin de le conserver.* >>

Imam Mâlik

Nombreux sont ces pères de famille hantés par les lendemains pénibles de Tabaski. Ce qui devait être une fête joyeuse se transforme alors en cauchemar. Un homme qui se bat au jour le jour avec la dépense quotidienne, les factures, la scolarisation des enfants..., se trouve face à un dilemme et pas des moindres, le mouton de Tabaski. Cet animal peut plomber tout ce qui a été réalisé jusqu'à ce jour. Non, ce n'est plus un simple sacrifice religieux, mais une question de fierté, voire même d'orgueil. La société en a décidé ainsi, quitte à s'endetter, il faut se coltiner ce beau mouton qui doit lui faire traverser le pont << sirat >>.

Que le prophète psl eût déjà fait un sacrifice au nom des membres de sa communauté qui n'en auront pas n'y changera rien, comme l'idée que dans le courant d'une vie, il est quand même possible d'avoir au moins une brebis qui fera l'affaire. Le face à face avec ce vendeur qui veut saisir l'opportunité de réaliser un gros coup sera redoutable. Il lui parlera de ses énormes sacrifices pour élever son bétail, des conditions de transport, de la pluie, de la végétation... Tous les versets et hadiths qui parlent de soutenir son prochain dans les moments difficiles ou ce qui s'en approche seront rangés dans les tiroirs, c'est au jour J qu'on les ressortira. Ce jour où le Seckenne et le Diawenne dégoûtés, iront à la prière, la tête bien lourde, les yeux rougis, la mine patibulaire.

Tellement ils se seront surpassés pour faire honneur à madame et aux enfants que l'épée au-dessus de leur tête semble s'amuser à les piquer de temps en temps, pour leur rappeler la dure réalité. Demain sera un autre jour et il faudra payer cette viande succulente en train de rôtir sur le feu. Ils se mordront plusieurs fois la langue accidentellement, noyés dans des pensées sombres. Dégoûtés, ils trouveront même que << nokoss bi safoul, yap bi nioroul...>>, chaque occasion de réprimander les enfants trop bruyants ou envahissants sera exploitée. Malheureusement pour eux, c'est le prix à payer car << bëss bi dou bëssou xarane >>, impossible d'aller << squatter >> chez l'ami Gueyenne comme à l'accoutumée ; à chacun son mouton.

<< Prends garde à ce que ceux-là ne te leurrent avec leurs éloges, car celui qui te flatte sans raison, est bien aussi prêt à te calomnier sans raison. Crains donc Dieu et ne te satisfais pas d'une éloge fait en ta présence, car tu te connais mieux que quiconque. >> Imam Mâlik

Il serait très difficile de se passer du mouton de Tabaski, parce qu'on n'aurait pas les moyens de se le procurer. Ce serait un aveu d'échec et le vendeur le sait, ce veinard fera exploser la tirelire. C'est sa période et il en abusera au-delà des litanies du genre << aidez-vous les uns les autres, ne frappez pas un homme à terre, aidez-le plutôt à se relever... >>.

Nous ne vivons plus pour nous-mêmes mais pour les autres. Ainsi nous sommes prêts à nous enfoncer pour une illusion de respect, de considération éphémère. Hypothéquant jusqu'à l'avenir de nos enfants pour des choses dont on pourrait se passer. Nos gouvernants doivent se pencher davantage sur la question de l'élevage, par rapport à une demande massive récurrente. Depuis le temps qu'à chaque veille de fête de Tabaski, nous vivons une chasse aux moutons qui valsent entre rareté et cherté. Il revient aux hommes de sciences de guider leur peuple, leurs disciples. Ces prêcheurs et guides religieux influents dans notre société doivent secourir ces femmes et ces hommes qui leur ont fait allégeance. L'éveil des consciences est plus que jamais nécessaire face à l'ostracisme, et ils ont un rôle déterminant à jouer là-dessus. Notamment sur l'éternel conflit du croissant lunaire.

Certes, quelques-uns le font, mais la majorité est absente dans les débats de fond, alors qu'ils doivent être un pare-feu entre le pouvoir et le peuple, extincteurs des conflits moraux, fervents défenseurs d'une justice sociale équitable. Mais trop souvent, n'importe quel fourbe de politicien qui veut duper son peuple cherche à utiliser leur influence pour arriver à ses fins. Ce peuple qui sera toujours à l'image de ses dirigeants, de l'autorité morale, religieuse à l'autorité politique, chacun y va de sa responsabilité.

L'actualité politique n'en reste pas moins riche, mais difficile à suivre pour ceux qui tirent le diable par la queue. La façon de faire de nos gouvernants laisse à désirer, car il y a plusieurs formes de dictatures. Il faut se méfier d'un peuple patient et endurant. Dans ma contribution sur ce que j'ai appelé << affaire Sonko ou affaire du peuple >>, je parle d'un combat générationnel, étant convaincu que depuis la radiation de milliers de policiers jusqu'à ce jour, des enfants ont grandi, ont côtoyé l'injustice et la misère, mais surtout en ont marre.

Lorsqu'on s'amuse à trop tirer sur une corde déjà tendue, elle finit par se casser. Nous avons la chance d'avoir une population jeune et ambitieuse, il suffit d'ouvrir les yeux pour le voir. Chacun essaie de faire de son mieux pour s'en sortir, et c'est pourquoi, je me préserve de critiquer le marchand ambulant qui cherche à gagner sa vie honnêtement. J'ai beaucoup plus de respect pour lui que de cet arrogant politicien véreux, un parvenu devenu milliardaire du jour au lendemain.

À chacun son parcours, du << ndongo daara >> à l'écolier, l'échec scolaire par manque de moyens est souvent préjudiciable à l'avenir. Pour élever le niveau d'un peuple, il faut investir dans l'éducation, car un peuple instruit sera un peuple encore plus mature. Mais est-ce l'intérêt d'individus qui tiennent à nous enfermer dans l'ignorance afin de continuer à mieux nous exploiter ?!

6. Du Timis Roumain au Takusanu Ndakaru !

Publié le 18 octobre 2016

<< Cher dirigeant, nourris ton peuple pour construire le pays. Instruis ton peuple, il sera fier et réellement indépendant. >>

Bocar GUEYE (Demain… Une autre Afrique)

Il y a de ces événements douloureux qui peuvent impacter positivement sur le destin d'un individu, et dans certains cas le corollaire des éclaboussures, provoque des soubresauts euphoriques capables de dévier le cours d'un destin national hypothéqué dans les méandres de l'obscurantisme.
Avec les rayons du soleil qui nous sont inhabituels au crépuscule << Timis >>, on y voit de plus en plus clair dans l'opacité pétrolière. Il est donc important de redéfinir l'axe du débat sur le pétrole, loin des tours de passe-passe et autres élucubrations farfelues dont le but est de nous éloigner du véritable sujet. Certes, ont été pointées du doigt des collaborations douteuses au détriment du peuple sénégalais, mais surtout un frère du Président de la République supposé être journaliste avec plusieurs casquettes.

Apparemment le journalisme peut mener à tout au Sénégal, sauf au noble métier de journalisme pour certains, bien sûr. Donc pour nous autres néophytes en même temps victimes dans ce mélodrame de Dallas à Ndoumbélane, on a juste retenu que l'or noir c'est d'abord une histoire de famille, source de conflits insaisissables et interminables, à la baguette la << camorra >> et ses éternelles victimes. Cependant, il est nécessaire de rappeler que nous ne sommes pas des affidés en toutes circonstances, mais un peuple qui a décidé de prendre son destin en main depuis l'avènement de l'alternance. Et sous-estimer la détermination de cette nouvelle génération d'hommes et de femmes soucieux du devenir de leur Nation est le comble de l'inconscience.

Les vrais hommes d'État s'adressent à leur peuple depuis leur fauteuil et non depuis leur trône, distribuant à l'envi des macarons et des certificats de bonne foi aux uns et admonestant les autres selon l'humeur du jour. Encore une fois, nous sommes excédés de la roublardise, de l'hypocrisie achevée, de l'ostentation, de l'arrogance et de la forfanterie au sens le plus péjoratif du terme. Quand des journalistes jadis virulents, considérés comme voix des sans-voix s'éteignent au contact du palais, lorsqu'un député autoproclamé député du peuple retourne sa veste et se glorifie d'un vil rôle illusoire de contremaître des bourreaux de ce même peuple, quand les voix religieuses deviennent aphones et que les censeurs moraux s'autocensurent, il devient urgent de revenir sur le sens de l'éthique et du patriotisme.

Nous méritons mieux que des symboles de la félonie et de l'irrespect envers le peuple sénégalais. La vie quotidienne ne se grave pas dans le marbre, mais l'engagement patriotique et les sacrifices utiles à la masse oui. Au lieu de bien traiter la maladie, on avait cherché à la soigner n'importe comment et avec n'importe quoi. Ce qui nous vaut aujourd'hui cette gangrène ignominieuse qui mérite d'être combattue à n'importe quel prix. La mort programmée de la démocratie dans notre pays, par le biais de quelques illuminés à la mémoire défaillante. Et pourtant combien de fois les Sénégalais se sont dressés contre les abus des régimes successifs qui ont eu à diriger le pays, au nom de la démocratie ?!

Il est plus que temps de se mettre au travail et d'arrêter de nous servir des tragi-comédies burlesques, d'une fadeur révoltante quand on refuse de répondre aux vraies questions. Les pirouettes judiciaires ne feront que retarder l'échéance, l'histoire récente nous l'a démontré. Le peuple sénégalais ne se laissera pas mourir à petits feux, dans les mailles d'utopistes déjà en quête de réhabilitation. Alors, essayer d'intimider ou à défaut, ternir l'image des opposants les plus virulents contre le système n'y changera rien. Il faut refaire le tour, reprendre le pouls des populations, surtout de la jeunesse pour daigner sortir de cette léthargie politicienne. La réalité est parlante pour toute personne armée de bonne foi, capable d'analyser avec un minimum de détachement l'actualité politique sénégalaise. Des sujets de dissertation à longueur de semaine, alors que la population a besoin de TOUT, dans une gestion sobre et vertueuse loin de toute ambivalence !

7. Les naufragés...

Publié le 7/11/2016

<< Peu de gens sont assez sages pour préférer la critique qui leur est utile, à la louange qui les trahit. >>

La Rochefoucauld

Un esprit éclairé avait affirmé que comme l'autosatisfaction, une culpabilité excessive pourrait entraîner un mépris honteux d'autrui. Ce qui expliquerait en partie, les attitudes permissives et évasives, intransigeantes et futiles, manipulatrices et sournoises dans le milieu politique et son corollaire dans notre société actuelle. Il arrive un moment où l'on sent le vent tourner, car l'homme vieillit quand les regrets prennent la place de ses rêves. Ceux qui réussissent à préserver leur lucidité, arrivent à maintenir le cap en restant constants dans leur idéologie, l'âme du citoyen engagé. Une ligne exemplaire parce que source de foi et de bonne conscience, quel que puisse être notre statut dans la société.

D'un autre côté, nous voyons avec dépit, ces vieux briscards qui ont bourlingué des années durant, déposé partout leur baluchon, goûté à toutes les sauces et terriblement remplis d'acrimonie découlant d'échecs et de regrets. Ils ne leur restent que la transhumance, les alliances contre nature et les insultes à la bouche. Prêts à marchander l'avenir des jeunes pour leur confort illusoire, ou juste pour une illusion de reconnaissance. Pas du tout évident de passer sa vie à jouer les petits rôles, du larbin au cascadeur. Incompétents et impertinents, ils ont toujours porté les valises. Mais il ne suffit pas d'avoir côtoyé des génies pour transformer un cancre en visionnaire pompeux. Plus de quarante ans d'imposture n'y changeront rien. Il y a des vertus qui ne s'achètent pas, qui ne s'héritent pas non plus. Ces valeurs qui forgent un individu à travers un parcours, son propre parcours après l'éducation de base.

Alors il revient aux jeunes de prendre leur destin en main, en ne s'alliant qu'avec les femmes et les hommes intègres de cette génération. Ils sont encore là bien présents, et surtout ont beaucoup à dire sans aucune prétention. Ces aînés très respectables et respectueux, traînent derrière eux des années de luttes citoyennes, syndicales et politiques, sans tambour ni trompette. Ouverts et disponibles, ils acceptent les débats contradictoires en toute humilité. Des Hommes vertueux qui nous ont appris à dire NON quand il le faut, qui nous ont inculqué des valeurs héritées de nos aïeuls, la dignité, l'humilité, la patience, l'endurance et le courage. Des références à tous les niveaux, loin de ces naufragés de la politique ou de l'immigration, des seconds couteaux usés et abusés, en quête de réhabilitation. Des éternelles victimes complexées, fraîchement libérées de leur bulle atypique de déracinés mais qui ridiculement s'autoproclament Messie des corniauds. Des imposteurs qui se jouent du peuple depuis plusieurs décennies.

La comédie burlesque des << socialistes >> sénégalais en est la preuve évidente. Nous assistons depuis quelques années à ce que l'on pourrait appeler l'affaire d'un parti en perte de repères, ou la chute libre d'un mastodonte, d'une bête politique, à cause de quelques égos surdimensionnés. Ce mal sociétal qui veut que l'on ne se voie que dirigeant ou maître du jeu, prêt à fourvoyer l'œuvre de plusieurs générations pour sa poire. À la jeunesse consciente, il est important de vivre au présent, de succomber à la foi et de croire fermement que ce qui a été bâti ensemble mérite d'être sauvegardé, du moment qu'on ne peut remonter le temps. C'est une responsabilité générationnelle que de combattre ces vieux grisons, adeptes de bains de jouvence et nostalgiques d'un passé glorieux au détriment de la masse.

8. Le festin des Hyènes !

Publié le 16 novembre 2016

<< Trahir la révolution ou se suicider comme classe, tel est le choix de la petite bourgeoisie dans le cadre général de la libération nationale. >>

Amilcar CABRAL

Les retombées économiques de l'autoroute à péage qui ont suscité dernièrement un débat animé mais sans issue, ne viennent que s'ajouter à la longue liste de nos maux, après les gestions lugubres du réseau téléphonique, de l'or, du pétrole, du fer, etc... Les ramifications d'une vision politicienne étriquée, sectaire et criminelle. Cette absence de rationalité politique; l'algorithme susceptible de nous faire voler au-dessus des règles claniques et obsolètes, loin d'une gestion sobre et vertueuse, utopie qu'on nous a tant vendue. Avons-nous été floués dans la signature de nos contrats, parce que mal représentés par des individus limités intellectuellement ? Ou sommes-nous simplement victimes de représentants cupides, animés par le seul désir de gagner à titre personnel sur les transactions ?
Le contrat de concession de l'autoroute à péage Dakar-Diamniadio signé avec Eiffage le 02 juillet 2009 jusqu'en 2039 (conception, construction, financement, exploitation et entretien).

Le 19 février 2014, le même concessionnaire s'est vu confier la construction et l'exploitation de l'extension du tronçon Diamniadio Aéroport International Blaise Diagne.

On nous dit que dans ce fameux contrat, l'État du Sénégal ne devrait commencer à recouvrer d'impôts sur les bénéfices qu'au bout de quinze années d'exploitation, seuil de rentabilité prévu par les études de l'époque. Des études qui prévoyaient aussi une faible fréquentation de l'autoroute à péage, justifiant au passage ce contrat à long terme, afin de permettre au concessionnaire de rentrer dans ses fonds. Apparemment l'État s'était engagé à ne pas refaire le tronçon de la Route nationale 1 (Route de Rufisque), le laissant se dégrader afin de pousser les usagers à utiliser l'autoroute à péage. Et pourtant de nombreuses questions liées à la sécurité devraient nous interpeller, au-delà des tarifs exorbitants; à propos de l'éclairage sur l'autoroute, du contrôle de gabarit, d'un pont qui s'effondre, parce que heurté par un camion, de l'assistance en cas de panne...

Agir à temps au lieu de réagir, pour éviter de sombrer dans la contestation réactionnaire qui nous embrigade dans l'émotion révolutionnaire selon l'actualité. Exiger la transparence dans la gestion au plus haut niveau, jusqu'au bas de l'échelle. Vivement des femmes et des hommes d'Etat consciencieux et susceptibles de faire la différence entre l'intérêt national et les intérêts particuliers. Des patriotes dont l'objectif premier sera de toujours faire prévaloir la raison d'Etat en s'inscrivant en permanence dans l'action, loin des calculs politiciens. La solution viendra de l'engagement de tous ces enfants du Sénégal épris de bonne gouvernance, de justice et de démocratie autour d'un véritable projet de libération politique, économique et socioculturel. Ils sont là pourtant, bien présents mais dispersés dans leur noble combat. Oui l'unité ne se décrète pas mais elle se crée à travers une idéologie porteuse d'espoir.

Loin d'être utopique, il est tout à fait possible d'avoir un programme capable de satisfaire un tant soit peu les aspirations légitimes du peuple, ceci de manière idoine, incarné par des patriotes. Un pays pauvre est en principe, un pays sans ressources naturelles et intellectuelles. Car un peuple debout, s'évertue à chercher et à trouver des solutions pour s'en sortir, en devenant acteur et non spectateur de son destin. Un pays comme le Sénégal avec ses ressources et sa position géographique ne peut pas se contenter de sa place actuelle sur l'échiquier mondial. Nous faisons partie des plus grands consommateurs au monde, avec un potentiel énorme de production non exploité. C'est là où nos politiques ont failli, en reniant la fibre patriotique, accentuant un manque criant de vision politique de développement, ceci depuis plusieurs décennies. Obnubilés pour la majorité par cette déplorable politique du ventre, source de gabegie, de clientélisme et leur corollaire. Il est impératif de revenir à nos propres valeurs sur les différentes qualités, autant morales que techniques et intellectuelles.

9. Face au dilemme Jammeh...

Publié le 18/12/2016

<< Sans dignité, il n'y a pas de liberté, sans justice il n'y a pas de dignité, et sans indépendance, il n'y a pas d'hommes libres. >>

Patrice LUMUMBA

Il est clair que tout ce qui touche la Gambie, par ricochet touche le Sénégal. Donc l'actualité des médias est amplement justifiée et c'est dans les débats d'idées que naissent les solutions salutaires. On est tous donneurs de leçons par intermittence, et c'est de bonne guerre. La suffisance intellectuelle nous renferme dans une bulle atypique, étriquée, loin de la réalité car chaque avis compte. Nous ne parlons pas d'un pays de la sous-région, mais de la gueule du lion, d'un État dans un État, l'œuvre, l'empreinte du colon. Il ne leur a pas suffi d'entériner, de délimiter des frontières pour nous affaiblir, mais nous diviser davantage avec des conflits socio-culturels entretenus au fil du temps. Alors, même si la position géographique de ce pays est une exception, n'en demeure pas moins que la Gambie reste un État souverain.

Il ne peut y avoir de débat là-dessus, sauf que le Sénégal y est déjà intervenu pour interrompre un coup d'état militaire et rétablir l'ordre. Sauf que des mêmes familles sont éparpillées entre Kaolack, Gambie et Casamance. C'est un pléonasme de dire que Jammeh est un illuminé, mais le monde l'a regardé faire depuis maintenant plus de deux décennies. Le Sénégal l'a laissé faire depuis son arrivée au pouvoir, tant que son peuple le supportait, il était légitime. Les ramifications de son complexe d'infériorité, sa vanité, son arrogance, la promiscuité et son implication dans le conflit casamançais en faisaient un homme incontournable. L'ignorance, l'intolérance et le mysticisme au service du pouvoir, un cocktail explosif. En contestant des résultats qu'il avait reconnus quelques jours plus tôt, il s'érige en putschiste récidiviste qui menace directement notre stabilité nationale.

Si le Sénégal était un corps humain, la Gambie serait certainement un organe vital. Même un soi-disant porte-parole du MFDC est sorti du bois si loin du maquis casaçais mais très proche de Boulogne, pour en rajouter une couche. Comme à l'accoutumée avec un argumentaire fallacieux, puéril, et pleurnichard. Brandissant honteusement l'arme désuète de la victimisation sous la coupole de l'ethnocentrisme. Il est évident que << tout esprit cynique cache un idéaliste contrarié >>. Oui le conflit casamançais fait vivre de misérables féodaux, des crevards qui se nourrissent du malheur des autres et se gargarisent de haine. On ne le verra jamais sur le front, encore moins sa progéniture, car la rébellion chez lui n'est que jactance et avantages découlant d'un statut de réfugié politique. Son seul point commun avec Jammeh est cette folie immuable nourrie et entretenue par la haine de l'autre, là où la raison appelle à l'union des cœurs et des esprits: UN PEUPLE, UN BUT, UNE FOI.

Il incombe au Président de la République et à son gouvernement de gérer le volet diplomatique, politique de ce contentieux inédit, et de surtout maîtriser leur communication car c'est un dossier très sensible. Une occasion de démontrer leur capacité à gérer des dossiers compliqués. Ceux qui s'inquiètent d'une ingérence politicienne des puissances occidentales, s'appuyant sur les dernières découvertes de richesses ont peut-être raison. Mais nous ne devons pas sombrer dans le doute, au point de nous laisser emporter dans les méandres d'un fatalisme criminel. Pour ma part, l'armée sénégalaise est intervenue avec brio un peu partout à travers le monde, sa compétence, son professionnalisme et son expérience ne sont plus à démontrer. Il ne s'agit pas de leur demander d'envahir un pays souverain, mais de protéger le territoire national en étant prête à parer à toute éventualité. Si ce narcissique tient à rester au pouvoir à tout prix, par souci de transparence, il revient aux organismes compétents de décider de son sort. Mais ce qui est sûr, c'est que dans ce scénario, le Sénégal ne pourrait qu'endosser la tenue de l'acteur principal.

10. Le président sénégalais, la France, les opposants...

Publié le 28 décembre 2016

<< L'ESPOIR entretient la flamme du combattant, L'AUDACE aiguise sa DÉTERMINATION, la RAISON gère sa PASSION, sauf que L'ATTENTISME et le FATALISME confortent L'INACTION. >>

Bocar GUEYE

En France nous rencontrons certainement l'une des plus fortes colonies sénégalaises de la diaspora, très engagée sur le plan politique, du côté du pouvoir comme de l'opposition. Un engagement basé sur une conscience citoyenne à saluer, car des compatriotes impliqués à tous les niveaux, même si les points de vue peuvent largement diverger. Autant sur le sens et la portée du combat, que sur les plans, intellectuel, individuel et collectif. Certains croient fermement que le combat doit être dirigé contre un néocolonialisme à peine voilé, découlant d'un système grégaire que nous subissons depuis l'époque coloniale, tandis que d'autres ont plié sous le poids du diktat de la pensée unique face aux gardiens du temple de la bien-pensance. La radicalisation des uns et des autres prenant le dessus sur la conscience patriotique collective, on se retrouve face à plusieurs camps qui pourtant clament urbi et orbi défendre la même cause. Rivalisant d'ardeur sur les réseaux sociaux et quelquefois sur le terrain, déblatérant par moment ou câlinant selon l'humeur du jour. Ainsi le président sénégalais devient l'ennemi public numéro 1, la cible préférée chez une certaine frange de cette opposition souvent réactionnaire, introvertie : dans ce camp, on s'est indûment focalisés sur le personnage, avec des slogans du genre << Macky grossit le peuple maigrit... Macky dictateur...>>, etc... Quelques apathiques se sentent même obligés de le critiquer à longueur de semaine pour être dans le coup, évitant au passage les foudres de ce clan autoproclamé patriote et crédible. C'est un manque de courage intellectuel, car Macky s'en ira comme ses prédécesseurs et le Sénégal restera. On retombe malheureusement dans le même piège qu'à l'époque de Wade ; un combat subversif, mais mal contenu, mal dirigé, malgré l'euphorie des acteurs, une opposition en perte de repères donc logiquement de vitesse.

Et pourtant il y avait tellement à dire sur l'actualité, le quotidien du Sénégalais de l'Extérieur et particulièrement de celui qui vit en France. Des individus qui semblent ne même pas maîtriser le sujet sur ce qui se passe chez leurs frères et sœurs immigrés, dans leur propre pays d'accueil, ont voulu parler de ce qui se passe au Sénégal, au nom des Sénégalais qui vivent au quotidien cet << enfer >> qu'ils dénoncent.
Complètement déconnectés de la réalité, entre notion, passion et émotion, le manque de lucidité, doublé d'une envie pressante de gravir les échelons politiciens, mène purement et simplement vers la << dépression >> intellectuelle, et une chute irréversible. Critiquer tout et n'importe quoi, reprocher aux autres de réfléchir autrement, avec un argumentaire fallacieux qui repose ostensiblement sur la mauvaise foi. Lorsque le président de la République a parlé de quinzième région du Sénégal en ce qui

concerne sa diaspora, proposant au passage des députés issus de cette diaspora, certains parmi eux avaient applaudi. Les batailles de positionnement, toujours en cours, démontrent la complexité de la situation et l'impossibilité à suivre des contorsionnistes hors pair. L'absence d'une ligne politique claire, d'une idéologie novatrice, la corruption, l'ambiguïté et l'inconstance sont bien réelles. Les leaders politiques sénégalais ont compris l'enjeu, l'importance de leurs compatriotes éparpillés un peu partout à travers le monde, et l'influence qu'ils peuvent avoir sur leur famille restée au pays. Entre le mysticisme individualiste et l'exaltation des individualités nationales, chacun joue sa partition.

Nous nous sommes déjà exprimés sur Orange et Eiffage. Pour en revenir aux multinationales et à la classe politique française qui a senti le bon coup à jouer en Afrique. Leurs visites réciproques en grandes pompes viennent nous le confirmer. On s'attendait naïvement à ce que nos autorités africaines emboîtent le pas à un Paul Kagamé, et commencent à prendre de l'envergure face à l'esprit colonialiste, et son corollaire. Espérant que le volet ouvert sur les anciens combattants lâchement assassinés au camp de Thiaroye, aille jusqu'au bout. Nos retraités qui ont durement travaillé en France et qui pour la plupart souhaitent rentrer au bercail, afin de profiter d'une retraite bien méritée à côté des siens, ont toujours eu à faire face à des complications administratives. Obligés de revenir en France tous les trois ans, avec une carte de plus en plus difficile à renouveler. En cas de décès, leurs familles se battent pour obtenir une pension de réversion, à cause toujours des difficultés administratives. À l'ambassade de France à Dakar, les candidats au voyage sont dans leur extrême majorité rejetés à la demande de visa, et les frais de dépôt non remboursés. Sans parler de la lourdeur du dossier sur le regroupement familial.

La France a plus que jamais besoin de l'Afrique, et particulièrement du Sénégal qui avec ses nouvelles découvertes de richesses naturelles devrait pouvoir négocier à son avantage. D'où l'incompréhension de ce contrat avec Alstom sur les TER, même s'il faut reconnaître l'expertise et le savoir-faire français dans ce domaine, le coût est exorbitant. Avec la mondialisation, du moment que les alliances utiles sont toujours bénéfiques, les petits pays n'existent pratiquement plus.

La position du Sénégal à l'ONU face à Israël sur le dossier palestinien, comme d'autres pays toujours sous-estimés parce qu'insignifiants sur l'échiquier mondial, est une preuve qu'il y a toujours moyen de faire pencher la balance d'un côté. Même s'il est encore tôt de se prononcer sur les conséquences de notre vote, pour une fois que l'on parle du Sénégal à ce niveau, c'est toujours intéressant. Et il revient encore une fois à nos autorités de prendre leur responsabilité face à l'histoire. Du moment qu'ils sont aux affaires, leurs décisions ont un impact sur le peuple. Ce qui nous renvoie au choix judicieux de nos dirigeants, à travers une opposition diversifiée, mais avec des programmes solides, portés par des femmes et des hommes forts, consciencieux, loin des préjugés, et qui nous permettront demain, de prendre la véritable voie de l'émergence, loin des calculs purement politiciens.

11. Entre foot, putsch et esclavage...

Publié le 13 février 2017

<< Il n'y a aucun mal à être NATIONALISTE de circonstance, PATRIOTE comme presque tout bon CITOYEN. C'est le NATIONALISME CHRONIQUE qui est une tare. S'enfermer dans une bulle atypique ne peut que renforcer l'IGNORANCE... >>

Bocar GUEYE (Demain... Une autre Afrique)

L'actualité a été riche et parfois palpitante ces dernières semaines, entre ce fort sentiment de patriotisme que seul le sport peut procurer, et cette préoccupation suscitée par l'entêtement d'un seul individu que 22 ans de règne sans partage n'ont pas suffi à diminuer l'envie pressante de profiter encore et encore des délices du pouvoir éphémère. Et quoi dire sur ce sujet brûlant et incroyable en 2017 qu'est l'esclavage en Mauritanie ?!

Là où certains pensent que la religion est l'opium du peuple, d'autres sont carrément des férus ou << addicts >> au sport. Mais ce qui est sûr, c'est que les Sénégalais semblaient tous unis derrière leur équipe nationale de football qui participait à sa énième CAN. Pour une fois, la critique n'avait pas sa place, les pessimistes ont dû ravaler leur langue et taire leurs remarques, même objectives. Patriotisme ou fatalisme ? Surtout qu'avec un staff sénégalais, une première victoire finale à la CAN aurait était le Graal. Nous en avons tellement bavé, chaque génération de supporters a eu sa dose de déprime, ses moments de tristesse, mais hélas... Entre malchance, nonchalance, mauvaise gestion, mauvais choix tactique ou manque d'ambition, le football sénégalais n'a pas fini d'écrire son histoire sur les pages blanches de l'espoir. La nouveauté, c'est que beaucoup par résignation, donnent l'impression de se complaire dans la défaite. Et sous les coups de l'émotion et de la compassion, on a tellement félicité l'équipe au point d'oublier que nous étions favoris et que l'objectif devait être de revenir avec la coupe d'Afrique ou au moins d'arriver en finale.

Certes nous nous devons de rester dignes dans la défaite, mais quand même conscients du chantier titanesque pour prétendre parader un jour sur le toit de l'Afrique. Un proverbe sénégalais dit : << qui vit d'espoir ne mourra pas de fait >>. C'est tout sauf sérieux de parler de mental, parce que le Sénégal a été plusieurs fois champion d'Afrique de basket-ball, de beach soccer,... Lutte, Judo, Karaté, Taekwondo... Champions du monde, Athlétisme, Scrabble, Ju jitsu (mélange judo-karaté)... Bref, dans des sports moins reconnus et beaucoup moins soutenus. Un clin d'œil à la génération de 2000, corollaire de l'épopée de 2002. Je pense que le football sénégalais souffre uniquement de sa gestion, depuis plusieurs années maintenant. Quand on n'arrive pas à faire de résultats, il faut à un moment donné, penser à passer le témoin. C'est aussi synonyme de sagesse et de grandeur. On ne force pas le destin au prix de prendre tout le monde en otage, il y a plusieurs formes de dictature. Chaque génération doit penser à écrire sa propre histoire et non réécrire l'histoire. Même si nous sommes bien conscients que gagner un titre continental ne guérira certainement pas tous nos maux, chaque domaine doit être géré convenablement pour aspirer à une transformation salutaire. L'Égypte et le Cameroun en sont des preuves concrètes. Après l'euphorie et l'ivresse procurées par la victoire, on est obligé de revenir à notre triste réalité quotidienne, politique, économique, nationale.

L'avenir nous éclairera certainement sur les conditions du départ de Yaya Jammeh, mais après son putsch ou coup de force raté, l'actualité a évolué vers un nouveau sujet : l'esclavage en Mauritanie. Des épisodes qui ont mis à la lumière nos divergences idéologiques, mais aussi nos contradictions : combattre la dictature, et en même temps soutenir un dictateur; tirer à boulets rouges au jour le jour sur l'oligarchie et le lobbying tout en le cautionnant chez d'autres.
Alors, je me suis rappelé ceci, lu quelque part : << si vous voulez détruire un pays, inutile de lui faire une guerre sanglante qui pourrait durer des décennies et coûter cher en vies humaines. Il suffit de détruire son système d'éducation et d'y généraliser la corruption. Ensuite, il faut attendre 20 ans et vous aurez un pays constitué d'ignorants et dirigé par des voleurs. Il vous sera très facile de les vaincre >>. Des mots émanant d'un sage, sûrement vicieux; des propos à la fois réalistes et cruels, qui m'ont mis mal à l'aise en pensant au continent africain et à tous ces combats sans issue, parce que nous refusons simplement de commencer par le commencement : une éducation basée sur notre richesse culturelle diversifiée, l'enseignement de nos propres valeurs morales et l'ouverture, en ne copiant que le meilleur chez les autres. La peur de l'autre nous prive souvent de découvrir des choses extraordinaires et de partager ou d'éclore le bien en nous, souvent insoupçonné.

Ainsi notre combat pour tirer l'Afrique vers le haut doit être mené sans complexe. Malcolm X disait : << paix et liberté ne peuvent être séparées, car personne ne peut être en paix tant qu'il n'est pas libre >>. Ce qui se passe en Mauritanie est inadmissible,

mais dans la division on est toujours faibles face à un ennemi organisé, tenant à maintenir son joug sur vous. Quand on voit le déséquilibre entre la population majoritaire et les tenants du pouvoir, il est légitime de se poser la question à savoir si cela relève de la passivité, d'un fatalisme criminel et complice, d'un manque de courage ou simplement de l'inconscience ? Dans un reportage télévisé, on voit un homme engagé dans la lutte contre l'esclavage se faire rabrouer comme un malpropre par sa propre sœur. Lui, disait que cette dernière était maintenue comme esclave dans une famille, qu'elle travaillait sans salaire, etc... Mais elle, ne voulait rien entendre et défendait mordicus ses << maîtres >>, parce que son frère avait débarqué avec des journalistes et tout le tralala. Elle avait donc peur des conséquences, peur de représailles, d'où la nécessité de commencer par la conscientisation. Car chaque individu conscient de son sort est le mieux placé pour défendre ses propres intérêts, << un homme averti en vaut deux >>.
Thomas Sankara : << l'esclave qui n'est pas capable d'assumer sa révolte ne mérite pas que l'on s'apitoie sur son sort. Cet esclave répondra seul de son malheur s'il se fait des illusions sur la condescendance suspecte d'un maître qui prétend l'affranchir. Seule la lutte libère...>>
Et Malcolm X de conclure : << personne ne peut vous donner la liberté. Personne ne peut vous donner l'égalité ou la justice. Si vous êtes un homme, c'est à vous de la prendre... Si vous ne vous levez pas pour quelque chose, vous tomberez pour n'importe quoi... Si vous n'êtes pas prêt à mourir pour elle, sortez le mot LIBERTÉ de votre vocabulaire ! >>

12. Justice pour tous !

Publié le 24 février 2017

<< On peut se battre pour la LIBERTÉ mais l'ÉGALITÉ et la FRATERNITÉ requièrent un effort consensuel permanent. >>

Bocar GUEYE (Demain... Une autre Afrique)

L'espoir de vivre des lendemains meilleurs nous galvanise, mais ne nous fera point vivre mieux. Le mal est beaucoup plus profond. Nous pointons du doigt l'oligarchie, le népotisme, le clientélisme, le clanisme, etc... Mais le tout passe quand un peuple souverain reste complice, en fermant les yeux, en croisant les doigts, en abdiquant face au déséquilibre social et à l'injustice. À un moment donné, il faut taper sur la table; si s'offusquer est un devoir, se rebiffer devient un acte citoyen. Le seul et unique intérêt à défendre doit être celui du Sénégal, notre destin commun, avant n'importe quel individu ou conglomérat de politiciens professionnels. Les défis sont énormes, et nous nous devons de rompre avec le << je ne suis pas le seul, dou man kessè >>.

Un responsable politique doit incarner la transparence, la compétence et la pertinence. Toutes ces caisses noires, fonds politiques et leur corollaire doivent disparaître. Même les pays supposés riches ne peuvent pas se permettre certaines largesses hérétiques, c'est juste aberrant ! Il est plus que temps de combattre ces dérives sectaires, de vieilles habitudes délétères qui nous ont ferrés au bas fond de l'immoralité. Ces vices de politiciens véreux qui se singent au sens propre comme au sens figuré, dans les méandres vertigineux de la décadence. Imiter et perpétuer le mal, légaliser le vol, la corruption et la concussion. La générosité d'un homme politique ne devrait pas se mesurer à sa capacité de dilapider des biens publics ou l'argent du contribuable sénégalais. Mais depuis maintenant plusieurs décennies, c'est presque devenu anodin.

Pour rappel, depuis plusieurs mois, L'État et la mairie de Dakar se disputaient la réfection de la place de l'indépendance, pendant qu'une partie de la population souffrait des inondations, pendant que le chômage, l'insalubrité et l'insécurité ne cessaient de croître, pendant que l'eau et l'électricité devenaient un luxe, pendant que la santé et l'éducation sombraient dans le chaos... On attendait de l'État, des projets pour développer l'industrialisation, l'autosuffisance alimentaire, etc... Et de la mairie de Dakar d'arrêter de brader des centaines de millions pour des feux d'artifice à chaque Nouvel An, l'illustration d'une passion pour le bling-bling et de rêves de grandeur. Une vision plus réaliste que des pavés et la chasse aux marchands ambulants.

<< Il n'y a pas de détournement, il n'y a pas d'escroquerie, nous n'avons fait que continuer une pratique, une modalité de gestion...>> dixit le maire de Dakar. Les mots ont leur sens, et l'erreur serait de politiser un débat qui nous concerne tous. Chaque citoyen qui gère des deniers publics devrait rendre des comptes pendant et après son mandat, mais sans parti pris. Une justice indépendante, une presse libre, des citoyens assez lucides pour s'acquitter de leur devoir et exiger leur droit. Ne nous leurrons pas, aucun pays ne s'est développé dans la

fourberie, la félonie et la flagornerie. Nombreux sont ces Sénégalais consciencieux, intègres, mais complètement déboussolés et dépités de la politique. Ils sont presque tous devenus fatalistes. Alors que le juste combat pour le bien-être dans la demeure familiale concerne tous les enfants; et dans une même famille, on se doit d'être engagés, vrais, authentiques, pour l'intérêt commun, au nom de nos propres valeurs culturelles et morales.

Une gestion sobre et vertueuse ? Ce n'est pas utopique, mais nous y arriverons quand la Justice sera là pour chaque citoyen, du guide spirituel au célèbre chanteur, de l'opposant politique au membre du parti au pouvoir ou frère du président de la République. On a l'impression que gouvernants, opposants et opportunistes, jouent avec le thermostat de la situation politique et sociale de notre pays. Alors notre démocratie accoutumée à une léthargie quasi éthylique, inexorablement, s'enfonce dans la décrépitude. Il est incohérent de nous rabâcher du patriotisme à longueur de semaine, et venir nous demander de cautionner parallèlement des actes que nous combattons sur d'autres fronts.

Tout individu qui gère des deniers publics devrait être heureux et fier de venir rendre des comptes, a fortiori lorsque l'on nourrit des ambitions présidentielles. Une occasion de démontrer sa bonne foi et son intégrité, tout en exigeant la même chose pour les autres, loin de se morfondre dans la victimisation. Mais surtout, non à une justice à plusieurs vitesses. Cependant, si nous devons changer pour revenir sur la même chose, les mêmes habitudes, les mêmes attitudes, les mêmes causes et les mêmes effets, à quoi bon ? Nous nous devons d'être intransigeants avec nos dirigeants ainsi qu'aux potentiels candidats à la gestion des affaires de la cité. Au cœur de nos revendications, l'exemplarité, la transparence, le courage politique, la foi patriotique, une lucidité sans faille... La raison citoyenne, loin du suivisme aveugle dicté par l'émotion et la passion.

13. Tohu-bohu politico-religieux !

Publié le 13 mars 2017

***<< Entre AGIR et RÉAGIR, le gap est énorme.
Agir à temps et en toute LUCIDITÉ ou réagir sous le coup de l'ÉMOTION. Un émotif engagé est un RÉACTIONNAIRE en puissance et quand on est réactionnaire, on nage dans les eaux troubles de l'inconstance. Toute organisation basée sur l'INCONSTANCE et l'IMPERTINENCE mène irrémédiablement vers une INCONSCIENCE COLLECTIVE. Une hérésie sectaire qui ne peut engendrer que HAINE et VIOLENCE ! >>***

Bocar GUEYE (Demain... Une autre Afrique)

L'actualité sénégalaise n'a pas évolué, avec l'emprisonnement du maire de Dakar et ses ramifications; le débat est plus que jamais politique. Les souteneurs de ce dernier réclament une justice indépendante, et accusent le président de la République de chercher à se débarrasser d'un potentiel adversaire pour les prochaines échéances électorales. Du côté du pouvoir, on accuse le maire de détournement, sans pour autant donner des explications rationnelles, sur le fait qu'il soit le seul maire interpellé et emprisonné aussitôt. Les autres accusés qui rejoignent le parti au pouvoir, deviennent fréquentables et totalement libres de leur mouvement. Il est donc évident que

lorsqu'on défend ses propres intérêts à tout prix, lorsque l'on joue sa survie politique, la masse devient un outil politicien. Mais qu'est-ce que le peuple gagne dans tout cela ?
L'insulte suprême à notre intelligence, ce sont ces fonds politiques ou caisses noires et leurs corollaires, qui demeurent une façon immuable de spolier le peuple de ses maigres économies. Une triste manière étriquée de légaliser le vol des deniers publics là où l'on est censé gérer, réguler, prospérer le bien commun, au nom de l'intérêt supérieur de la Nation.

Et les sorties médiatiques aériennes de quelques leaders d'opinion viennent nous conforter dans l'idée que le peuple est pris en otage, ou comme un enfant manipulable à souhait. Chacun défend son pain; de ces fameux militants appauvris par un système corrompu jusqu'à la moelle, piétinant sa dignité, qui va quémander une ration alimentaire, le règlement de ses factures ou ordonnances médicales auprès de ses bourreaux. À cette catégorie de religieux aphones sur les principes religieux face aux dirigeants, absents du débat sur le contenu des livres saints mais toujours à l'affût quand il s'agit d'une assemblée politicienne. Pour les entendre, il faut menacer leurs intérêts, car trop souvent complices des bassesses politiciennes, profitant de largesses dont la licéité des origines n'intéresse personne. Silence radio sur les accidents de la circulation, sur l'économie, la santé, l'éducation, l'autosuffisance alimentaire, les denrées de première nécessité, etc...
Quand on parle de décadence des valeurs morales, culturelles et religieuses chez nous, avec l'émergence de la défense de plus en plus dithyrambique ou belliqueuse de l'éphémère face au spirituel, selon ses intérêts personnels, c'est que le véritable discours religieux est à l'agonie !

De l'acharnement politique, on a valsé vers un conflit confrérique, après avoir fait un détour chez l'ethnocentrisme. Le statut du président de la République désacralisé, il est présenté comme un chef de clan. Lui qui avait promis une gestion sobre et vertueuse s'est retrouvé empêtré dans un dilemme : le parti avant la patrie, le sectarisme politicien. On s'étonne de son silence sur les autres rapports de l'IGE ou de la Cour des Comptes, mais le président de la République n'a pas changé. Pendant ses plus belles années de l'ère Wade, il excellait dans l'intimidation et le matraquage des opposants. Les émotifs qui ont vu en lui une victime lors de son éviction de l'Assemblée Nationale l'ont porté au second tour, et la suite de l'histoire on la connaît.

Ce sont ces mêmes émotifs, souvent amnésiques et réactionnaires, qui reviennent gesticuler pour nous faire défendre aveuglément le maire de Dakar, sans se soucier des conséquences de la gestion néfaste de ces fonds qui nous cantonne dans la précarité. S'il n'a rien à se reprocher, tout citoyen épris de justice et de bonne gouvernance devra le soutenir, de manière idoine. Sauf qu'en ce moment, les discours politiciens nous éloignent du sujet essentiel. Qu'ils soient du côté du pouvoir ou de l'opposition, aucun traitement de faveur. Une transparence absolue dans la gestion de nos maigres ressources, à tous les niveaux. Et c'est là où la responsabilité du peuple est engagée. D'ailleurs ceux qui se faisaient insulter il y a quelques semaines par rapport à leur sortie sur le dossier gambien, sur la laïcité ou sur d'autres sujets sensibles, sont aujourd'hui adulés, leurs audios ou vidéos partagées sur les réseaux sociaux par les mêmes qui les tançaient, juste pour leur nouvelle prise de position sur le dossier du maire de Dakar. Une pratique désuète chez les avertis, mais qui fait toujours mouche chez d'autres. Des girouettes humaines qui tournent au gré du vent, on apprécie ou déprécie les gens selon nos envies.

On s’en moque un peu de l'équité ou de l'idéologie d’une ligne, tant que nous entendons ce que nous avons envie d’entendre. La conviction politique est quasi utopique, du moment que nous avons peur de la solitude, même dans la vérité. Les alliances contre-nature en sont une preuve irréfutable, et pourtant l’histoire nous interpelle. Les bannis socialistes de l'époque, communistes et autres qui avaient porté Wade au pouvoir se sont retrouvés sur la paille, la suite avec Macky et Khalifa risque de nous le confirmer une nouvelle fois. Une alliance sans idéologie commune, est une maison sans fondation solide. Nous avons des politiciens professionnels, qui pour la plupart n'ont jamais travaillé de leur vie. C'est eux qui viennent chercher des voix chez les populations, à coups de promesses électorales. Et quand on leur confie un poste, ils deviennent nos employés et doivent veiller à l'amélioration de notre quotidien. << Guichet automatique >> sur des deniers publics, cela s'appelle du vol. Au lieu de créer des emplois fictifs, pourquoi ne pas créer de vrais emplois ? Les jeunes ont besoin de travailler pour vivre dignement et faire avancer leur pays.

14. In-dépendance…

Publié le 7 avril 2017

<< L'indépendance d'une Nation, au-delà d'un état d'esprit, est une réalité quotidienne qui se reflète sur la culture, l'autosuffisance alimentaire, la sécurité, l'accès à la santé et à l'éducation pour tous, une justice sociale, la compétitivité et la transparence dans la gestion à tous les niveaux…>>

Bocar Gueye (Demain... Une autre Afrique)

Maintenant cinq ans que Monsieur Macky Sall est président de la République du Sénégal. Depuis cette date mémorable du 25 mars 2012 où le président Abdoulaye Wade venait de perdre le pouvoir. Ce mastodonte qui a marqué des générations de par sa longévité et sa combativité dans l'arène politique, venait de tomber de son piédestal. Un homme que l'on pouvait détester ou aimer selon ses idéologies, venait de réussir le miracle de retourner son peuple contre lui qui avait tellement suscité d'espoir avec l'alternance de 2000. Quiconque aurait été en face de lui au second tour le battait, parce que Maître Abdoulaye Wade venait de casser son propre mythe, avec son fameux ticket présidentiel et son troisième mandat forcé. Le peuple avait honni le << wax waxeet >>, mais l'actuel président de la République confirme au jour le jour ce que son nouveau fidèle compagnon, non moins président du Haut Conseil des Collectivités territoriales avait prophétisé dans l'adversité : << avec Macky, ce sera faire du Wade, sans Wade >> Ousmane Tanor Dieng. Ils sont déjà nombreux à regretter tous les anciens régimes, juste pour dire que c'est peut-être encore pire avec celui qu'on désignait comme l'élève tombé en disgrâce qui défiait son maître.

Le 04 avril marque une date << importante >> pour le peuple sénégalais, qu'on la fête ou non. Tout ce qui peut réunir des citoyens de confessions différentes, de parcours différents, d'horizons différents, pour partager des moments de joie, de communion, de convivialité devrait être louable. Que l'on soit d'accord ou pas sur les principes de base des indépendances de façade, ce jour est spécial. Spécial pour les enfants, spécial pour les corps militaires, spécial pour les anciens combattants, spécial pour les majorettes, spécial pour tous ceux qui surtout s'en moquent un peu des moralistes et autres << donneurs de leçons >> qui manifestent leur hostilité envers ce jour et ce qu'il représente à leurs yeux. Même si des centaines de millions de nos pauvres francs sont dépensés pour la gloriole, alors que dans chaque secteur de développement, on est pris à la gorge. Au moins certains compatriotes en auront profité un peu, contrairement à tout ce qui nous échappe. Par ailleurs, les conseillers du couple présidentiel devraient leur rappeler l'importance d'un sourire, d'un visage éclairé dans ces moments-là, a fortiori quand on est employés du peuple. Au président de la République, que le vêtement traditionnel est un symbole fort dans ses moments là.

Pour en revenir à la fête de l'indépendance, sommes-nous réellement indépendants puisque l'on parle encore de néocolonialisme et de Françafrique; un pays, la France qui gère d'autres États supposés être souverains ?

Nous n'avons pas notre propre monnaie, nous acceptons d'être endettés par ceux-là mêmes qui nous ont spoliés, exploités, et qui continuent de mettre leur nez dans la gestion de nos pays. Le contrat paraphé par notre chef d'État pour sauver Alstom, ses propos dithyrambiques sur le FCFA, en sont une illustration parfaite parmi tant d'autres. Il faudra continuer à se battre pour que notre cher Sénégal comme tout le continent Africain, devienne réellement indépendant; indépendance culturelle, indépendance économique, indépendance militaire, etc...

Cela commence par avoir une vision citoyenne libre et réaliste afin de revendiquer, et de choisir des dirigeants forts pour des institutions fortes, complètement décomplexés dans un État souverain; un peu plus de pragmatisme dans un professionnalisme indéniable, loin des clichés de l'oligarchie, du népotisme, de la félonie. Les idées sournoises qui tendent vers une dichotomie sont palpables chez les esprits exigus. Une mentalité contraire à nos valeurs culturelles et morales sénégalaises. Mais n'est-ce pas légitime de se poser la question à savoir si nous sommes réellement indépendants; et si la réponse est non, œuvrer ensemble pour un avenir radieux, dans un Sénégal prospère ?!

On ne peut constamment crier au diable quand il s'agit de l'Occident, alors que pour diriger nos pays, il faut être un pur produit de l'école coloniale. Il serait insensé chez certains de le dénoncer, et c'est peut-être l'une de nos tares. Voilà peut-être une mode ancrée chez nous, qui nous a maintenus dans la servitude, dans la complaisance et le complexe face à l'Occident. On ne se pardonne pas les erreurs dans la langue de Molière, alors qu'on n'est incapables de parler nos langues nationales sans fausse note. Notre diversité sera valorisée lorsqu'elle sera gérée selon nos propres réalités. Nous ne sommes pas toujours fiers de ce que nous sommes, mais ce que les autres ont fait de nous.

Mais finalement qu'en est-il du bilan de notre cher Président de la République qui devait boucler son premier mandat de cinq ans comme promis ? Monsieur Moustapha Niass Président de l'Assemblée Nationale disait en 2012 à qui voulait l'entendre, que tous ceux qui avaient paraphé les Assises Nationales s'étaient engagés sans équivoque, à respecter les textes à la lettre. Il n'en est rien aujourd'hui, mis à part l'évidence que le pouvoir provoque trop souvent une amnésie collective chez les arrivistes. Ils sont satisfaits de leur mandat, après en avoir ajouté deux années supplémentaires avec un simulacre de référendum, sans vraiment se soucier des maux qui gangrènent notre société... Et la situation du citoyen sénégalais lambda dans tout cela ?

Nous serons concrètement indépendants dans l'autonomie, lorsque l'autosuffisance alimentaire sera une réalité, lorsque la santé et l'éducation seront accessibles à tous, lorsque nous nous engagerons à tourner la page avec les politiciens professionnels toujours aussi éloignés des réalités du peuple, lorsque les autres nous regarderont et nous traiteront avec respect parce que nous leur aurons montré compétence et pertinence, avec fierté et dignité, dans la puissance et la ferveur de l'union des cœurs et des esprits.

<< Un peuple, un but, une foi ! >>

15. Entre accidents, incendies, incidents... criminels !

Publié le 14 avril 2017

<< Le fatalisme est une tare; loin de la foi dont il est souvent associé à tort ou à raison. Dans certains cas, un crime découlant d'un manque de civisme notoire. La responsabilité étatique appelle à l'éducation civique des populations et une sanction exemplaire, sans demi-mesure, à chaque fois que la situation l'exige. Après avoir bien sûr, mis en place toutes les dispositions nécessaires à la sécurité des biens et des personnes. Un citoyen conscient est un être humain responsable de ses actes. Une fois les responsabilités définies, nous pourrons tous aspirer légitimement, à plus de justice sociale et de sécurité >>.

Gueye (Demain... Une autre Afrique)

Le civisme, un mot galvaudé à outrance dans nos sociétés, par ceux-là mêmes qui sont censés l'enseigner, donc l'incarner. Il suffit de commencer par les routes pour découvrir la banalité de la corruption, source de tous nos maux. Entre agents d'entretien du désordre et semeurs de désordre, ou agents supposés faire appliquer et maintenir l'ordre public, et conducteurs censés respecter un code pour le bien-être de tous.

Des voitures de transport de personnes, de matériels ou de marchandises, qui roulent sans assurance, souvent conduites par des chauffards qui ignorent jusqu'au sens du terme << code de la route >>. Ainsi le contenu devient inutile à leurs yeux, obnubilés par la recette, le versement du jour. Chaque grand événement religieux ou sportif, nous renvoie à ces fameux films américains du genre << fast and furious >>. Et le pire est que dans nos scénarios, c'est le client-passager qui joue sa vie. Des chauffeurs inconscients qui pensent qu'ils peuvent tenir la route plusieurs jours, se taper des milliers de km sans fermer l'œil, quitte à prendre des cachets.

L'une des catastrophes maritimes, peut-être même la pire de l'histoire de l'humanité, fut le naufrage du bateau Le Joola. Une surcharge permanente, incompréhensible, banalisée à tous les niveaux dans les transports : du car rapide au bus, en passant par le clando, la pirogue, les deux roues, etc... Mais à l'époque, sous le choc et l'émoi, les populations semblaient avoir compris et retenu la leçon. Hélas << chassez le naturel, il revient au galop >>. Cet incendie ravageur au << Daaka >>, comme il y a quelques années, cette fameuse école coranique de la Médina avec la perte douloureuse de vies humaines, de surcroît des enfants, est un rappel. Tous les événements religieux, sportifs, culturels, qui regroupent des centaines voire des milliers d'hommes, de femmes et d'enfants ; tous les lieux de regroupement humains nécessitent un encadrement sérieux au niveau de la sécurité. Des agents de sécurité, des secouristes bien préparés, avec du matériel, mais aussi en face, des populations bien préparées au civisme et aux consignes élémentaires de sécurité.

Les cours de prévention sécurité et les premiers secours doivent être introduits de manière inclusive, dans tout programme éducatif, autant à l'école qu'au << daara >>.

Je me souviens enfant que notre premier cours matinal était toujours de l'instruction civique. Une ou deux phrases que nous aimions rappeler à nos amis qui n'étaient pas à l'école, à nos frères et sœurs, même à nos parents. L'enfant est toujours fier d'être capable de sauver une vie, de prodiguer des premiers soins, d'éviter une catastrophe; alors quand on lui demande de regarder à gauche, puis à droite, encore à gauche avant de traverser la route, il le fait. Mais où est-ce que l'on trouve des passages piétons au Sénégal ? Dans le centre-ville de Dakar ; et les banlieues, les régions, là où l'on trouve une forte densité des populations, que nenni. Il est nécessaire pour le bien-être de tous, d'avoir de bonnes routes, avec les normes de sécurité (panneaux d'indication, dos d'ânes, feux, trottoirs, passages piétons). Mais c'est à se demander à quoi servent nos maires, gouverneurs, préfets, sous-préfets...?!

Ce qui s'est passé au << daaka >> de Médina Gounass est triste, douloureux, mais surtout inadmissible car on ne voyait même pas d'extincteurs (et rares sont nos compatriotes qui savent l'utiliser), ni de sapeurs pompiers en action, pendant que le feu se propageait à grande vitesse; aucun moyen de neutraliser un début d'incendie. Cet environnement étant pourtant propice aux flammes. Et malheureusement c'est à peu près ainsi dans tous nos grands rendez-vous. Ce qui est aussi choquant ce sont ces images de victimes de brûlures publiées sur les réseaux sociaux, le respect de l'intimité des individus dans la douleur. Ces images bouleversantes partagées sans pudeur, démontrent encore une fois l'impact de l'émotion passagère qui peut engendrer un manque d'humanisme. La sécurité doit être au cœur de chaque mouvement de masse. L'incendie d'il y a quelques années au

marché Sandaga, avec son corollaire de dégâts, dû aux câbles électriques branchés n'importe comment en plein centre-ville de la capitale. Aux baraquements en décrépitude où les fourneaux aux étincelles incontrôlables et bouteilles de gaz, pour le repassage et le thé sont anodins dans une ambiance folâtre.
Et c'est ainsi dans tous nos marchés. Dernièrement, incendies au marché HLM et au Ranch de Doly, avec des dégâts matériels inestimables.

Et dans tout cela, nos politiciens professionnels nourrissent des sujets à polémiques stériles afin de nous éloigner du véritable débat, quand tous les clignotants des secteurs de développement sont au rouge. Il est incompréhensible et inconcevable que dans un pays comme le nôtre où tout est à refaire, que l'on se focalise sur des querelles purement politiciennes. Ne nous laissons plus distraire par ceux qui ont déjà occupé les plus hautes fonctions de l'État pendant ces dernières années et qui cherchent à y revenir ou à y rester sans programme, s'érigeant simplement en porteurs d'espoir. C'est trop facile, et notre responsabilité civique, morale, en tant que citoyens épris de justice et de bonne gouvernance, nous appelle à plus de lucidité. Tous ceux qui ont su se préserver des dérives que l'on reproche à nos professionnels de la politique sont interpellés. Le Sénégal mérite mieux que cette perpétuelle négation de leurs propres engagements, ce mépris vis-à-vis de leurs responsabilités face au peuple, et ces débats soporifiques à volonté. Le courage de se dire des vérités ne suffira pas, si des actes sincères et constructifs ne suivent pas. Les belles idées sont là, personne ne peut en douter, mais derrière il faudra les concrétiser. Un véritable engagement citoyen qui engendre beaucoup de sacrifices, et qui permettra de mettre en avant une autre facette de la population sénégalaise, loin de cette image empruntée et péjorative, ces clichés de félons, adeptes de certaines futilités qui retardent naturellement l'évolution intellectuelle, scientifique et technique d'une Nation qui aspire au développement.

16. Impertinence, incompétence ou inconscience ?

Publié le 22 avril 2017

<< Parfois, il faut toucher le fond pour aspirer au changement salutaire. >>

Bocar GUEYE (Demain... Une autre Afrique)

Entre l'incendie au Daaka, la déclaration de journées (décalées) de deuil national, le marathon de << Pâques >>, qui rappellent la fameuse date du référendum qui coïncidait avec la fête des Rameaux. Les sorties hasardeuses et autres décisions discutables semblent être la résultante d'une réflexion étriquée, purement politicienne et sans envergure, ou du haut degré insoupçonné d'un amateurisme achevé. Il est clair qu'une réflexion politique rigoureuse aurait appelé à plus de bon sens, et surtout à tenir compte de tous les paramètres lorsqu'une décision importante s'impose : la réactivité au plus haut sommet de l'État, la teneur des discours, l'agenda sur les dates politiques, sportives, culturelles et cultuelles; les sensibilités religieuses et intellectuelles, l'humanisme véritable au-delà de l'émotion passagère et du fatalisme ambiant, cette légèreté trop souvent coupable et criminelle. D'aucuns ont jugé les ramifications de ces errements, scandaleuses à bon escient. Mais avons-nous cherché à situer les responsabilités afin de mieux cerner le nœud du problème ? La morale, la rectitude et le professionnalisme refusent de céder à cette caricature désuète du je-m'en-foutisme primaire.

Il est normal et tout à fait légitime d'être secoué par cette légèreté étatique, car aucun esprit, même cynique à volonté ne peut s'autoriser à organiser sciemment ces événements coïncidents. Alors entre en jeu le rôle de ces nombreux conseillers qui pullulent partout, et dont on se demande quel est le véritable rôle et qu'est-ce qui pourrait donc justifier leurs salaires faramineux, leurs avantages considérables et leur promiscuité avec le pouvoir ? On y trouve des journalistes ou plutôt d'anciens journalistes, jadis gesticulateurs autoproclamés voix du peuple, reconvertis en avocats défenseurs de l'indéfendable, porte-drapeaux des vices du peuple et défenseurs des causes perdues quand ils daignent sortir de leur hibernation. Ils sont tous conseillers en communication (et pourtant aucun régime n'a jamais été aussi niais et poussif dans ce domaine), conseillers en tout et en rien du tout. Ainsi le Chef d'État excelle dans les décisions arbitraires et contradictoires, impertinentes et impopulaires. Sans parler de ses lieutenants populistes qui à chaque fois qu'ils l'ouvrent, enfoncent le clou davantage. Certes le populisme est une réalité politique, mais certaines décisions doivent tenir compte des ressentiments qui en découlent.

La stabilité sociétale souvent louée à tort ou à raison, dépasse de très loin cette cacophonie répétitive et outrancière, corollaire d'un manque de volonté et de rigueur intellectuelle qui tend vers une incompétence notoire. Le socle de notre bon vivre ensemble malgré les quelques soubresauts citoyens et remous politiques, est purement culturel. Une véritable richesse qui a su résister au temps et à la colonisation. Les cousinages ethniques et nominatifs sont un gage d'humanisme, de fraternité et de cohésion nationale que nulle médiocrité politicienne ne pourrait jamais altérer. Cependant, une crise politique et sociale peut déclencher n'importe quel type d'incendie. Alors, respectons-nous davantage, en cherchant le meilleur pour nous-mêmes et pour les autres. Il est tout à fait possible, en impliquant toujours chaque partie de notre diversité quand il s'agit de prendre des décisions importantes ; des idées émanant de tous bords. Ainsi personne ne sera oublié, personne ne se sentira lésé, car << on ne s'oublie pas >>. Le tout dans une compétitivité saine, mettant en avant les compétences dans la transparence, les femmes et les hommes qu'il faut à la place qu'il faut.

C'est une hérésie d'organiser un marathon en plein centre-ville, dans la capitale, un week-end de Pâques, deux jours après un incendie qui a coûté la vie à une trentaine de nos compatriotes et une centaine de blessés graves. Nous avons payé un lourd tribut, même si l'habitude des drames humains semble malheureusement nous avoir rendus moins sensibles quant à la perte d'une vie; une seule vie dans un accident de la circulation, dans un incendie, dans un naufrage, dans n'importe quel drame humain. A fortiori dans des circonstances aussi douloureuses et incompréhensibles. L'algorithme qui devait nous éviter les catastrophes du genre s'est révélé complètement étriqué, inefficace. Des solutions concrètes s'imposent et rien ne se fera dans cette sphère tragi-comédie politicienne, avec des querelles de personnes et guerres d'égo d'une vacuité qui ne laisse présager rien de bon. Le Sénégal avant tout, devrait être le slogan de tout citoyen épris de justice et de bonne gouvernance, loin des bribes de solutions qui ne laissent entrevoir une lueur d'espoir que dans les yeux des utopiques.

17. Le mépris citoyen !

Publié le 6 mai 2017

<< Lorsqu'en plein combat on commence à regretter les martyrs, à appeler au secours les héros disparus, c'est que l'on commence sérieusement à douter sur ses capacités et son potentiel à parvenir à la victoire finale. La mémoire, l'esprit, l'idéologie, le courage, les sacrifices de nos nobles disparus peuvent nous galvaniser, mais les regrets nous affaiblissent en interférant de façon indue sur la force que procurent nos rêves de justice. S'évertuer à reprendre avec courage et abnégation le flambeau, s'armer de cet esprit jadis révolutionnaire est une nécessité. Seuls les patients et les endurants y parviendront car le doute engendre la peur qui est l'ennemi de l'ambition. >>

Bocar GUEYE (Demain... Une autre Afrique)

Le citoyen qui méprise ses droits et devoirs civiques, subit forcément le mépris politicien. L'actualité nationale est riche, même si nombre de nos compatriotes semblent plus se focaliser sur les élections françaises, le classico, la ligue des champions, que sur les contrats qui décident de notre avenir commun. Le pétrole revient plus que jamais sur le devant de la scène, avec un communiqué incendiaire du groupe Petro-Team ; semant le doute chez les incrédules, confirmant au passage une sortie politique, voire publique, démentie il y a juste quelques mois, ou infirmant des propos tenus devant toute la Nation sénégalaise par des autorités politiques sénégalaises. Un État est une organisation trop sérieuse pour que l'on passe nos semaines à débattre sur ses compétences, ou plutôt son incompétence à gérer des dossiers qui traitent de notre avenir commun. Nous avons déjà abordé le sujet dans un article intitulé << Du Timis roumain au Takussanu Ndakaru >>. Dans sa chronique du 03 mai 2017, Pape Alé Niang revient sur l'évolution, les rebondissements de ce fameux dossier parmi tant d'autres marchés, les uns plus ambigus que les autres. Un sujet qui devrait interpeller chaque citoyen sénégalais, un minimum conscient de l'avenir de son pays, épris de justice et de bonne gouvernance.

Parallèlement nous avons ces drames humains, causés par les incendies, accidents de la circulation et récemment ce naufrage d'une pirogue à Bétenty dans le département de Foundiougne. Encore des morts et des blessés, que le temps et malheureusement d'autres catastrophes (même si on ne le souhaite pas), finiront par nous faire oublier. Ce fatalisme criminel qui nous empêche de situer objectivement les responsabilités. De grâce, les gilets de sauvetage doivent être obligatoires dans ces embarcations de fortune qui transportent des vies humaines. Ces braves dames qui se battaient au jour le jour afin d'améliorer dignement leur quotidien ; de nobles soutiens de familles qui ont payé de leur vie, leur volonté de l'améliorer, et ces sacrifices ne doivent pas rester vains. L'oubli facile, le manque de reconnaissance est une insulte à la mémoire de nos disparus, a fortiori dans des conditions aussi tragiques, par milliers depuis le bateau Le Joola et les nombreux discours qui ont suivi ce drame sans précédent.

Parlons un peu de riz, ce fameux riz dont on voit des vidéos circuler sur les réseaux sociaux. Certains compatriotes vivant à l'étranger, amateurs de riz devant l'éternel (Seckenne et Diawenne dans des situations insoutenables en ce moment), commencent à se tirer dessus. Les uns reprochant aux autres une volonté de faire de la mauvaise publicité, au profit d'occidentaux qui chercheraient à nuire au marché asiatique ; donc une concurrence déloyale. Oubliant au passage, que la victime principale dans cette histoire pourrait être ce peuple dont les autorités n'ont toujours pas daigné réagir.
Cela fait plusieurs mois maintenant qu'on en parle, et ce mutisme de nos autorités sur le sujet ne pourrait se justifier comme l'annoncent certains << spécialistes >>, que par l'intérêt particulier qui pourrait découler d'un rejet du riz asiatique. Ce qui nous pousserait davantage à consommer le riz local. Où est alors cette conscience professionnelle qui appelle à la responsabilité étatique ? Le fait de défendre l'intérêt commun avec raison, de mettre en place une politique de développement, dans tous les secteurs ?! Parfois, la préférence nationale est la meilleure solution et il faut l'assumer sans ambages. Juste ne pas confondre patriotisme et nationalisme. Le patriote, comme tout bon citoyen est un nationaliste de circonstance. C'est l'extrémisme, le nationalisme chronique qui est une tare. S'enfermer dans une bulle atypique ne peut que renforcer l'ignorance.

Nous avons la terre, le soleil, la mer, des fleuves, des esprits fertiles, des jeunes... Tout ce qu'il faut pour réussir à bâtir une grande Nation. Malheureusement, la désespérance a pris le dessus sur l'espoir. D'aucuns ont préféré jeter les armes et hypothéquer leur destinée à une minorité, trop souvent manipulatrice et réfractaire à l'intérêt commun. Des êtres humains transformés en sangsues, qui semblent ne lutter que pour leur seule survie au détriment des populations. L'autosuffisance alimentaire, l'éducation et la santé accessibles à tous devraient être l'objectif derrière tout engagement politique. À la place, le débat est axé sur les procès d'intention, les querelles fratricides, la transhumance (*déplacement saisonnier d'un troupeau en vue de rejoindre une zone où il pourra se nourrir, ou déplacement du même troupeau vers le lieu d'où il était parti. *Déplacement des ruches d'un lieu à l'autre pour suivre la floraison). Et pourtant ce mot est utilisé tranquillement dans le paysage politique sénégalais, en parlant d'hommes et de femmes censés guider notre pays vers des lendemains meilleurs. Juste pour rappeler comment l'engagement citoyen, voire politique qui devrait être un noble combat, une profession de foi suivie d'actions concrètes afin de redonner l'espoir au peuple et construire sa destinée; est devenu une profession de mauvaise foi chez certains, un simple outil de manipulation pour la gloriole.

18. Ascenseur, corde, échelle, ou escalier social ?!

Publié le 26 mai 2017

<< Quand on est insignifiant dans une société en perpétuelle perte de valeurs, l'espoir de lendemains meilleurs peut se retrouver sous d'autres horizons. Mais chaque décision que l'on prend, contribue à construire notre destinée. >>

Bocar GUEYE (Demain... Une autre Afrique)

Il y a ceux qui se trouvent déjà dans l'ascenseur social, les autres qui prennent les escaliers ou une échelle, d'autres qui s'accrochent à une corde pour atteindre les sommets, et ceux qui sont carrément parachutés. Ainsi chacun fournit des efforts selon sa condition, et son environnement social. La compétence validée, corollaire du libre arbitre donc de la conscience professionnelle, régule le socle des valeurs culturelles et morales dans toute société aspirante au développement ; autant sur les plans économique et social, que culturel et religieux. Les ramifications de la corruption achevée, gangrènent ainsi une société affectée à tous les niveaux. Et dans de nombreux secteurs, on se retrouve avec à la tête, des incompétents notoires souvent parachutés par des esprits malsains à travers un système corrompu. Évidemment, en installant des responsables manipulables à souhait, on a encore une mainmise beaucoup plus accrue sur la masse. Combien de jeunes compatriotes diplômés ou en formation, mais excellents dans des secteurs qui devraient être valorisés dans un pays en quête perpétuelle de la route qui mène vers le développement, sont au chômage, galèrent même pour trouver un stage ; faute d'avoir un << bras long >>. La banalisation du clientélisme, ce fléau qui nécrose notre société est aussi un désaveu cinglant à la notion d'émergence exaltée à tout bout de champ. Des esprits tordus qui dirigent un navire dans des eaux troubles, risquent de ne pas mener les passagers à bon port. A fortiori s'il n'y a aucune volonté manifeste d'arriver ensemble en temps, en heure et dans d'excellentes conditions.

Ce cynisme antipatriotique qui pousse indubitablement vers un clanisme féodal, au détriment du peuple en perte de repères et de souveraineté. Un système grégaire, malheureusement sous le prisme de nos dogmes de plus en plus éloignés de la rectitude, donc désuets pour les ambitieux et d'une vacuité absolue pour tout esprit civique. Pourtant, des bribes d'un passé récent viennent nous rappeler que l'injustice sociale était comme une poudrière exposée au rayon du soleil. Elle est aussi souvent source de révolte, même dans les pays censés être les plus calmes au monde. Lorsque le clientélisme, la félonie, la forfanterie, l'opulence insidieuse, le larbinisme intellectuel et leurs corollaires cohabitent avec la précarité dans sa large majorité, cela devient de plus en plus préoccupant comme situation. Et tous ceux qui cherchent à s'en sortir tout en préservant leur dignité d'être humain, s'endurcissent davantage, à travers des épreuves qu'ils apprennent à dépasser au quotidien. Plusieurs parmi eux tenteront l'aventure vers d'autres horizons ; au péril de leur vie pour ceux qui n'en auront pas les moyens légaux. L'immigration n'est certainement pas gage de réussite sociale, mais pour certains, un moyen de prouver ses compétences et surtout d'être rémunérés à sa juste valeur. Tandis que pour d'autres candidats à l'aventure, c'est un parcours du combattant, un véritable cauchemar. Alors tous ces citoyens qui ont eu un parcours chaotique, et qui ont quand même réussi à s'en sortir, dans ou en dehors du territoire national ; tous ces compatriotes ont leur part de responsabilité sur le devenir de notre Nation. Quand on réussit à construire sa vie avec des valeurs, on a voix au chapitre et surtout le devoir de conscientiser son entourage. Croire que la réussite est accessible à toute personne ordinaire et honnête, est déjà un premier pas vers le salut national.

L'accession au pouvoir en France d'un jeune de moins de quarante ans, et son équipe construite juste quelques mois avant les élections présidentielles nous interpelle tous. Les mentalités évoluent partout vers les extrémités, mais un programme intelligent basé sur l'intérêt supérieur d'une Nation reste un desideratum réel et légitime des populations. La politique politicienne n'a plus aucun effet sur les peuples qui aspirent à un véritable changement, mais cela ne se fera certainement pas avec des médias corrompus. La presse a une part de responsabilité énorme, sur la conscientisation des masses. Les nombreux programmes télé qui sont à la limite catastrophiques, jusqu'à nous faire regretter l'ORTS semblent de plus en plus destinés à nous abrutir. Avec une télévision nationale devenue un outil de propagande du parti au pouvoir. À chaque fois que le régime change, le directeur change et le programme avec. Le président de la République, chef de parti avant d'être chef d'État, omniprésent dans les médias ; son épouse devient naturellement omnipotente et bienfaitrice nationale au service des pauvres. Tout événement est l'occasion pour cette nouvelle classe de laudateurs professionnels (sous couvert de l'étiquette journalistique, insultant au passage une profession très noble), de lancer des propos dithyrambiques à leur encontre. En face, d'autres chaînes privées qui rivalisent d'ardeur dans la course à la sensation, et quelquefois même pire que la Chaîne nationale. La qualité reléguée au second plan, avec des séries étrangères d'une mièvrerie bouleversante, mais terriblement captivantes pour toute âme au quotidien monotone. Et que dire donc de cette nouvelle race d'animateurs qui nous renvoient à la figure, chaque jour que Dieu fait à travers leurs gestes et propos, la perte cruelle de nos valeurs culturelles et morales.

PS: Un clin d'œil aux scrabbleurs sénégalais qui revenaient lors des dernières compétitions internationales, auréolés des titres de champions d'Afrique et du monde, mais qui n'ont pas daigné se déplacer pour défendre leurs titres à Abidjan. Excédés de devoir toujours se prendre en charge, mais surtout de n'avoir jamais été encouragés (juste reçus) par nos autorités. Résultat, les titres de champions d'Afrique se sont envolés. Nous avions déjà tiré sur la sonnette d'alarme dans un article intitulé << Scrabbleurs sénégalais, ces éternels oubliés >>. Ainsi, depuis maintenant plusieurs années, on s'évertue à tuer à petit feu nos champions, dans les rares disciplines où nous étions reconnus et respectés au niveau international (Basket-ball, Scrabble, Judo, Karaté, etc...)

19. De la coalition à la collision !

Publié le 3 juin 2017

<< L'unité ne se décrète pas, elle se crée ! Une coalition sans cohésion, mène forcément vers la collision dans la confusion. >>

Bocar GUEYE (Demain... Une autre Afrique)

Rares sont, je pense, nos concitoyens capables de donner une définition exacte d'un opposant politique. Par contre, pour les losers, caciques, vieux briscards, transhumants, ils pourraient en faire au moins une liste interminable. Oui, le gap est énorme entre l'homme politique et le politicien professionnel. Nous avons tellement été habitués aux tours de passe-passe, contorsions et autres rétractations << wax waxeet >> que certains sont immunisés, tandis que d'autres par dépit ont complètement démissionné. On nous a tellement vendu de rêves, que le fantasme de l'utopie a gagné certains esprits, au point d'en faire des adeptes du suivisme aveugle. Le bal des losers est un spectacle d'une fadeur écœurante, malgré les roulements de tambours tympanisant à souhait. Mais l'essentiel reste le Sénégal, notre patrimoine commun, notre héritage familial, une parcelle de la mère Afrique. Chaque citoyen sénégalais a le devoir de cultiver son lopin de terre, il y va de notre dignité d'être humain, au-delà de notre responsabilité citoyenne. Tous ces hommes et ces femmes qui s'évertuent à poser des jalons, avec la sensibilisation et l'écoute citoyenne, sont en train de faire un travail remarquable qui mérite d'être salué. Le combat sera rude, mais nécessaire afin de pouvoir un jour se regarder dans une glace, avec au moins la fierté d'avoir eu l'audace d'essayer. Sans occulter le fait qu'aucune coalition ne pourra tenir sur pied, sans au préalable une idéologie commune.

La volonté de contribuer à une amélioration, un changement positif, doit être naturellement traduite en actes concrets. Les adeptes des discours politiciens mielleux, au point de nier une réalité aussi évidente que parlante sur l'état de notre pays mal-en-point, et qui a plus que jamais besoin d'un formatage institutionnel, sont toujours là pour nous le rappeler. Cette semaine, nous avons encore eu droit au micmac politicien. Entre l'éclatement de la coalition << Manko Taxawu Sénégal >>, le retour de Wade dans l'arène politique, les procès d'intention, etc..., mais la majorité des Sénégalais reste stoïque, et ne semble pas surprise par la tournure des événements. Au contraire, la masse silencieuse interpellée sur le sujet ces derniers jours, l'aborde avec philosophie et se dit prête à accomplir son devoir citoyen, en âme et conscience le moment venu. Et ce n'est certainement pas la dernière fois que nous assistons à la roulette russe, version politicienne tropicale. Il y a toujours eu des pseudos opposants pris dans leur propre piège. Donc ce sophisme qui tend vers le scénario d'une comédie burlesque, ne semble avoir aucun effet sur ceux qui pensent au pays avant les hommes. Nous partirons et le Sénégal demeurera, alors notre conscience devrait nous appeler à poser notre modeste pierre sur l'édifice, et surtout à essayer d'y marquer positivement nos empreintes. Du moment que l'avenir est commun, quels que puissent être les gouvernants, leur choix est donc crucial. Alors l'intérêt supérieur de la Nation avant qui ou quoi que ce soit !

De fausses surprises d'alliances avortées pour les législatives, on est passés à une autre actualité << rocambolesque >> ; la caricature ou photomontage du président de la République. Une caricature nous aurait logiquement renvoyé, à l'épisode tragique de Charlie Hebdo si seulement cela était confirmé. On se souvient tous évidemment de ce défilé à Paris, au nom de la liberté d'expression. Un événement qui avait suscité la colère de millions de musulmans sénégalais, qui reprochaient à leur Chef de l'État de soutenir ceux qui avaient caricaturé le prophète de l'Islam. N'ayant pas vu l'image, je ne saurais en dire plus ou évaluer le degré de l'accusation en toute objectivité. Sauf que, qui de nos gardiens de la Constitution passés n'a pas été caricaturé, sous toutes les formes ? On en a vu des caricatures de l'actuel président de la République aussi. Mais la première réponse à un délit du genre, nécessite-t-elle dans un premier temps la prison ? Sachant que des citoyens épinglés pour des choses beaucoup plus sérieuses, se pavanent dans la rue, en toute tranquillité. Apparemment ce serait un photomontage, où un père de famille qui se trouve être aussi notre président de la République s'est vu représenter de façon indécente. Alors, il serait plus judicieux d'attendre la suite des événements pour y voir plus clair. Emprisonner une journaliste et d'autres personnes pour une caricature serait effectivement trop gros, surtout en cette période de campagne électorale pour les législatives. D'ailleurs la récupération politique a déjà commencé...

20. Le Ramadan citoyen !

Publié le 10 juin 2017

<< La violence morale que subit le bas peuple ne s'arrêtera certainement pas avec des incantations et prédilections. La réalité est que toute situation chaotique qui touche une classe de la société (la masse), profite naturellement à l'autre qui tire les ficelles. Alors, soit elle baisse les bras face à l'iniquité en larmoyant quotidiennement sous le manteau frileux de la victimisation, parfois derrière le rideau transparent de la volonté divine ; soit elle se rebiffe et prend ses responsabilités face à l'histoire. >>

Bocar GUEYE (Demain… une autre Afrique)

Mr Gueye sous l'ombre de l'arbre *neem* avait fini par s'endormir tant l'air était doux et frais. Son ventre gargouillait depuis maintenant quelques heures ; pris d'assaut par la chaleur, la faim et la soif, il avait décidé de mettre sa nappe sous cet arbre au milieu de la cour. Le Ramadan n'est pas facile à gérer, car non seulement on ne mange pas dans la journée, mais la dépense quotidienne accroît de manière considérable. Et pour un gorgorlou, les maux de tête sont encore plus violents. Migraine et mauvaise humeur assurées. A peine la tête sur l'oreiller, il commença à ronfler et plongea dans un rêve où tout allait bien au début. Le pays avait enfin trouvé la voie de l'émergence, ce refrain qu'il avait entendu depuis les indépendances. Il était devenu riche et s'était lancé dans l'élevage, ses cousins El Hadji Diaw et Ngatté Seck vinrent lui rendre visite. Mr Diaw était déjà dans les affaires, et apparemment son business prospérait. Donc il n'eut aucune difficulté à le convaincre de lui confier le plus gros de son bétail. À Mr Seck qui voulait aussi la même chose, il lui confia le poulailler en attendant d'en savoir plus. Mais au fil du temps, Mr Gueye se rendit compte que les vaches devenaient de plus en plus maigres, que le nombre de moutons et chèvres diminuait, pendant qu'El Hadji Diaw et sa famille se goinfraient de Dibi, de méchoui, et même de forokh thiaya nèkh bol grossissant à vue d'œil, roulant dans de belles bagnoles, construisant à perte de vue...

Ce même Mr Diaw qui avait donc fini de le convaincre de serrer la ceinture, avec à l'appui des coups de restriction budgétaire et autre charabia qu'il n'avait même pas pu retenir. Il lui avait parlé de concurrence déloyale sur le marché, de forces occultes, sans foi ni loi. Lui, avait accepté naïvement de suivre les directives, mais aujourd'hui c'en était trop. Écœuré par sa nouvelle condition, Mr Gueye qui se tapait des bols de fondé, sombi et guerté thiaf, en s'imaginant que tous ses sacrifices seraient récompensés dans l'avenir par la bonne gestion du patrimoine, se dirigea chez son autre homme de confiance. Il trouva le poulailler aussi moins bien entretenu que le troupeau, pendant que Mr Seck et sa famille étaient à peu près dans les mêmes conditions que leurs cousins Diawenne, maisons et voitures de luxe, poulet rôti et yassa guinar à gogo...
De retour chez lui, Mr Gueye désabusé se demanda maintenant à qui est-ce qu'il devait en vouloir le plus : celui qui gère le bétail ou celui qui gère le poulailler ? Ils avaient tous les deux trahi sa confiance et s'il décidait d'être plus indulgent envers l'un ou

l'autre c'est qu'il méritait vraiment ses bols de sombi, de fondé et son guerté thiaf jusqu'à la fin de ses jours...

Deux chats qui se coursaient sur une branche, tombèrent sur la nappe et il sursauta, se redressa et tourna la tête, lentement à gauche puis à droite. Ouf c'était un cauchemar, il leva la tête et loua le ciel... Oui ce n'était qu'un rêve, mais quel rêve !
Il s'essuya le front et essaya d'analyser ce rêve qui semblait prémonitoire. Et si son cousin Mr Diaw qui lui proposait une gestion sobre et vertueuse représentait le gouvernement, Mr Seck qui semblait avoir des idées novatrices l'opposition, lui Mr Gueye le peuple, et ces fameuses forces occultes, l'oligarchie, les puissances étrangères ? Alors son salut ne serait-il pas entre ses mains ? N'est-il pas temps pour lui de se rebiffer, de tourner le dos à ses bourreaux et surtout de changer sa façon de choisir ? C'est toujours dans la famille, mais il doit y avoir quand même parmi les enfants, des femmes et des hommes intègres qui ne seront pas habités par ce démon de midi, politicien véreux obnubilé par l'appât du gain facile et de son seul bien-être. Dans son fameux rêve, ses cousins avaient forcément un entourage, des conseillers, etc... comme tout bon politicien. Mais à quoi donc servent-ils, s'ils ne sont même pas capables de leur dire des vérités, de penser et de contribuer à la gestion et à la protection de l'héritage familial ? Mais hélas ce sont eux qui les choisissent ces conseillers ; ils se sont choisi un entourage à la hauteur de leurs ambitions, toujours prêts à assouvir leur moindre désir.

Sur ce, il convoqua toute sa famille, du moins ceux qui avaient l'âge de voter et vérifia s'ils s'étaient bien inscrits sur les listes électorales. Oui c'était fait ; alors il leur intima l'ordre de lui préparer le meilleur ndogou possible, en rajoutant quelques billets supplémentaires. La vie est trop courte et surtout trop

précieuse pour être hypothéquée, pensa-t-il. Nos choix déterminent qui nous sommes, et où nous voulons aller.
Bon Ramadan !

21. Bac à sable…

Publié le 10 juillet 2017

<< La valeur de celui qui ne pense qu'à remplir son ventre, n'a d'égale que ce qui en ressort ! >>

Imam Ghazali

Lorsque l'on minimise une gangrène ignominieuse comme la corruption dans une société, on finit par ralentir pour ne pas dire anéantir toutes les chances d'élever le niveau, autant sur l'intellect que sur l'économie. Malmener ostensiblement la sacralité de l'éducation est une hérésie, un procédé malsain d'hypothéquer l'avenir de toute une Nation. Le Bac n'a certes jamais été un ascenseur social irréfutable, un ticket vers la réussite pour ou dans la vie. Néanmoins, il offrait l'opportunité de se forger un grand destin pour tout lycéen ambitieux. Les fuites ne sont certainement pas une exclusivité, mais les proportions pour cette année sont plus qu'inquiétantes. Ainsi on se retrouve dans un gigantesque bac à sable. C'est scandaleux et dégradant pour notre système éducatif, mais est-ce le seul secteur souffrant d'escarre ? Une altération qui semble avoir atteint son paroxysme. Des lycéens ont été pris la main dans le sac, mis sur le banc des accusés, traînés dans la boue, mais à qui donc profite le crime et où se situent les responsabilités, du parent au professeur en passant par l'office du Bac jusqu'au ministère de l'Éducation Nationale, du Chef de l'État et de tout son gouvernement ? On est tous interpellés...

Apparemment dans certaines contrées du pays, le candidat reçu est suivi par un griot familial ou laudateur occasionnel pour chanter les louanges de ses ancêtres. Les autres candidats recalés sont tancés et font forcément profil bas, on imagine un peu leur détresse. A fortiori quand on a des parents analphabètes qui ne savent pas ce que c'est que de subir une pression pour un élève, collégien, lycéen ou étudiant. Il est presque impossible de trouver au Sénégal un lycéen de l'enseignement public au cursus normal, du CM2 jusqu'en classe de Terminale; en d'autres termes un programme scolaire achevé chaque année. Notamment à cause des grèves répétitives des enseignants, qui depuis le temps, devraient être écoutés et surtout mieux lotis. C'est inacceptable dans un pays où l'on parle d'émergence depuis l'indépendance, de bafouer perpétuellement le socle de l'élévation qui n'est rien d'autre que l'éducation. Un peuple éduqué est un peuple conscient, alors est-ce l'intérêt du politicien professionnel de contribuer à l'évolution intellectuelle de la masse ?! Ces parents qui s'autorisent à payer un diplôme pour leurs enfants, les condamnent à perpétuité dans une bulle atypique de complexés et d'incompétents notoires. Ils ne leur rendent nullement service en leur apprenant à gravir les échelons par la triche. Car on peut échouer une ou plusieurs fois, mais rien ne nous empêche de nous relever et de continuer à persévérer afin de goûter un jour aux délices de la réussite; cette noble sensation que seule peut procurer l'excellence, le mérite.

Déjà dans une chronique nommée << Ascenseur, corde, échelle ou escalier social >>, on tirait la sonnette d'alarme.
Il y a ceux qui se trouvent déjà dans l'ascenseur social, les autres qui prennent les escaliers ou une échelle, d'autres qui

s’accrochent à une corde pour atteindre les sommets, et ceux qui sont carrément parachutés. Ainsi chacun fournit des efforts selon sa condition, et son environnement social. La compétence validée, corollaire du libre arbitre donc de la conscience professionnelle, régule le socle des valeurs culturelles et morales dans toute société aspirante au développement ; autant sur les plans économique et social, que culturel et religieux. Les ramifications de la corruption achevée, gangrènent ainsi une société affectée à tous les niveaux. Et dans de nombreux secteurs, on se retrouve avec à la tête, des incompétents notoires souvent parachutés par des esprits malsains à travers un système corrompu. Évidemment, en installant des responsables manipulables à souhait, on a encore une mainmise beaucoup plus accrue sur la masse. Combien de jeunes compatriotes diplômés ou en formation, mais excellents dans des secteurs qui devraient être valorisés dans un pays en quête perpétuelle de la route qui mène vers le développement, sont au chômage, galèrent même pour trouver un stage ; faute d'avoir un << bras long >>. La banalisation du clientélisme, ce fléau qui nécrose notre société est aussi un désaveu cinglant à la notion d’émergence exaltée à tout bout de champ.

Des esprits tordus qui dirigent un navire dans des eaux troubles, risquent de ne pas mener les passagers à bon port. A fortiori s’il n’y a aucune volonté manifeste d’arriver ensemble en temps, en heure et dans d’excellentes conditions. Ce cynisme antipatriotique qui pousse indubitablement vers un clanisme féodal, au détriment du peuple en perte de repères et de souveraineté. Un système grégaire, malheureusement sous le prisme de nos dogmes de plus en plus éloignés de la rectitude, donc désuets pour les ambitieux et d’une vacuité absolue pour tout esprit civique. Pourtant, des bribes d’un passé récent viennent nous rappeler que l’injustice sociale était comme une poudrière exposée au rayon du soleil. Elle est aussi souvent source de révolte, même dans les pays censés être les plus calmes au monde. Lorsque le clientélisme, la félonie, la forfanterie, l'opulence insidieuse, le larbinisme intellectuel et leurs corollaires cohabitent avec la précarité dans sa large majorité, cela devient de plus en plus préoccupant comme situation. Et tous ceux qui cherchent à s'en sortir tout en préservant leur dignité d'être humain, s'endurcissent davantage, à travers des épreuves qu'ils apprennent à surpasser au quotidien. Plusieurs parmi eux tenteront l'aventure vers d'autres horizons ; au péril de leur vie pour ceux qui n'en auront pas les moyens légaux.

22. Halte à la xénophobie et à l'ethnocentrisme politicien !!!

Publié le 7 août 2017

<< Un chef d'État est le « père de la Nation », gardien de la Constitution, garant des vertus et de la noblesse républicaine. Il mérite respect et considération, contrairement à un chef de parti à la tête d'un État ; ce dernier incarne clanisme et sectarisme. Il peut donc bafouer directement ou indirectement la dignité citoyenne et saper la morale républicaine de ses compatriotes, piétinant au passage les valeurs sacrées de la République et les lois fondamentales qui doivent régir une société diversifiée mais pas divisée. Donc nous voulons un chef d'État et non un chef de parti à la tête de notre État ! >>

Bocar GUEYE (Demain... Une autre Afrique)

Ces élections législatives ont révélé des bévues, des errements inconcevables à ce niveau pour une << démocratie >> comme la nôtre, qui quoique l'on puisse dire, a pour le moins écrit quelques lettres de noblesse. Nous sommes non seulement habitués à organiser des élections, mais deux présidents de la République sont sortis par les urnes. Alors des couacs monstrueux et répétitifs décelés, avec plus de 50 milliards engloutis dans la création de nouvelles cartes d'identité biométriques, relèvent soit de l'amateurisme achevé ou d'une volonté manifeste de gagner sans scrupule. Mais pourquoi donc cette manie de nous imposer des dépenses inutiles, alors que les pays développés, avec des populations supérieures à la nôtre n'y pensent même pas ?! Pour rappel, en 2007 le duo Wade-Macky avait dépensé des milliards pour les mêmes raisons évoquées aujourd'hui. Quand on est majeure, en droit de voter, pourquoi ne pas avoir systématiquement son nom sur les listes électorales et il suffirait de présenter sa pièce d'identité pour s'acquitter de son devoir citoyen. Tous ces marchés de gré à gré sont une manière de nous spolier davantage, de nous compliquer la tâche, mais surtout de nous maintenir vers les bas fonds de la précarité. Il est indéniable que nous sortons de ces élections législatives, estropiés et dubitatifs quant à ce que nous réserve notre avenir en commun, puisque nous sommes obligés de vivre ensemble. Ce qui s'est passé à Touba est inadmissible, mais c'était aussi prévisible, vu comment la politique politicienne s'est installée dans la cité religieuse. Nos vénérés guides spirituels qui avaient sacrifié leur bonheur terrestre pour des causes nobles, entrevoient depuis l'au-delà des individus mal intentionnés piétinés la sacralité des valeurs qui avaient fondé leur foyer religieux.

L'homme providentiel !

Dans un tohu-bohu indescriptible, le vrai débat politique était abonné absent et on s'est retrouvé avec Abdoulaye Wade, Macky Sall et Khalifa Sall, qui nous ont orientés vers ce qui ressemblait plus à une élection présidentielle qu'à autre chose. Nombreux sont nos compatriotes qui ont voté pour ces trois candidats et non pour leur liste, sans savoir expliquer le pourquoi du comment. Le vote est quelque chose d'assez personnel et important pour que l'on s'aventure à critiquer ou condamner le choix d'un électeur, mais quand même ! Vu le bilan des députés sortants, et pas seulement de ces cinq dernières années, il est légitime de demander à revoir notre copie sur le choix de nos représentants à l'hémicycle. 47 listes c'est trop; des millions de bulletins imprimés pour rien, perte de temps et d'énergie, confusion totale... parce que chacun pense être plus vertueux donc plus légitime que l'autre à diriger, sans parler des fameuses listes financées pour perturber les vrais opposants. Le << Raw gaddu >> est un piège comme la liste nationale, une imposture. Un député doit être choisi sur un programme dans son fief. Ainsi Khalifa Sall maire de Dakar, résident à la prison de Rebeuss depuis maintenant plusieurs mois aurait perdu Dakar, c'est insensé !

Il y a un gap énorme entre les élections présidentielles, locales et législatives ; alors, appréhender chacune d'elles selon sa propre démarche dans la sensibilisation et la conscientisation est une nécessité absolue pour chaque candidat au changement. La dénonciation est une forme de communication dont on est habitué, mais l'essentiel repose sur un bon diagnostic de la société, sur son intellect, sa vision, ses préoccupations et surtout proposer des solutions, un levier de la révolution intellectuelle pour un changement de paradigme. C'est peut-être là où nos candidats indépendants pêchent à chaque échéance électorale. Une grande partie du peuple par moment se sent orpheline, et préfère confier sa voix à un revenant avec ses défauts, se souvenant qu'il avait aussi des qualités, plutôt que de confier son destin à un illustre inconnu qui lui dit ce qu'elle sait déjà. D'autres ne savent même pas ce que c'est qu'une liste pour les législatives, encore moins le rôle d'un député. On leur a fait choisir entre des candidats, c'est tout. Alors il ne faut jamais se lasser d'insister sur un programme politique, ne jamais se laisser entourlouper par le jeu favori de nos politiciens professionnels : querelles de personnes, insultes et invectives. C'est un travail de longue haleine, mais il a déjà porté ses fruits en 2000 et en 2012. 2019 est à l'horizon, donc il faut très vite se ressaisir et se dire que rien n'est figé. Ils ont une fois de plus réussi à nous divertir, sauf que cette fois-ci, il y a eu des dérapages insoutenables. Lorsque j'ai eu à discuter avec quelques compatriotes sur la question du changement par rapport à ce système grégaire que nous subissons depuis la nuit des temps, la réponse lancinante sous forme d'une autre question revient comme un boomerang : << vous voyez qui pour remplacer Macky >> ? C'est ce qu'ils me disaient avant 2012, << qui pour remplacer Wade >> ?

Ethnocentrisme politicien !

Je n'ai pas écrit de chronique la semaine des élections législatives, occupé et préoccupé par une situation chaotique rampante à l'échelon national, mais surtout au Fouta chez mes parents. Cette terre bénite qui a enfanté mes aïeuls jusqu'à ma mère et mon père qui y sont enterrés. Un terroir de vertus et de connaissances ; une source intarissable en ce qui concerne la foi, le courage et la solidarité, une terre qui a engendré jadis des femmes et des hommes de valeur. Mais les politiciens professionnels ont réussi à y transposer leurs vices, des dérives sectaires à bannir de la société sénégalaise dans sa globalité. (On y reviendra insh'Allah). Nous avons connu des régimes successifs depuis 1960, mais la conscience citoyenne aujourd'hui agonisante avait toujours pris le dessus sur l'impertinence politicienne. Cette politique politicienne dont les acteurs occultes sont prêts à vendre leur âme au diable afin d'arriver à leurs fins. La morale et l'éthique n'ont pas de prix pour les êtres doués de raison, mais l'opportunisme achevé au plus haut niveau de la société, mène indéniablement au chaos sociétal. Avant d'être de confessions ou d'ethnies différentes, le point commun reste la race humaine, les Africains et Sénégalais que nous sommes. Alors depuis quand la politique est devenue source de tensions religieuses, confrériques et ethniques chez nous ?

Mon oncle m'a dit un jour : << il est facile de réveiller quelqu'un qui dort, mais quasi impossible de réveiller quelqu'un qui fait semblant de dormir >>. C'est injuste de faire comme si tout allait bien, alors que le feu de l'ethnocentrisme couve depuis maintenant plusieurs années. Et il faut reconnaître que nous avons tiré l'alarme depuis les élections présidentielles de 2007, où la paire Wade-Macky avait fait sensation en passant au premier tour. Une élection qui m'avait laissé perplexe quant aux discours et attitudes sectaires, d'une part confrérique menée par Wade, et d'autre part ethnique par Macky. Ainsi certains parmi nos compatriotes, fragilisés par une fierté tribale, un esprit profondément communautariste, ont malheureusement étaient emportés par les torrents claniques. En île de France, les inscriptions étaient méthodiques et sélectives dans certaines villes. Les bus chargés de militants-électeurs en avaient choqué plus d'un. Il suffit d'y comparer les résultats pour Wade en 2007, Macky en 2012 jusqu'au jour d'aujourd'hui. Le vote ethnique aux relents xénophobes est devenu une réalité depuis 2007 ; qu'on le reconnaisse ou pas, ces élections législatives en sont une parfaite illustration. Ainsi le problème vient d'en haut, le bas peuple souvent militant aveugle se réfère à ses dirigeants, ses leaders d'opinions et guides religieux. On dit que chaque peuple a les dirigeants qu'il mérite, parce que tout peuple conscient prend son destin en main et choisit ses gouvernants selon ses propres valeurs culturelles et morales.

Quand l'opposition conteste l'organisation comme le déroulement de ces élections législatives, elle est dans son rôle puisque la cacophonie électorale a atteint son paroxysme. De mémoire de citoyen, il faut remonter très loin pour chercher une situation comparable : dans la violence verbale, le retour des fameuses ordonnances de vote, la distribution des cartes, les inscrits qui ne figurent pas sur les listes, la violence physique, la corruption de certains médias, la corruption généralisée, mais surtout la haine de l'autre. On nous a servi une soupe partisane d'une fadeur insoutenable; avec comme ingrédients, ethnocentrisme et xénophobie. D'une part des insanités débitées sur les réseaux sociaux contre une partie de notre communauté sénégalaise que de simples excuses ne pourraient effacer, vu la gravité des propos et surtout la haine viscérale qui en découle. Source de tensions et de conflits xénophobes, susceptibles de déstabiliser un continent, loin de notre bon esprit légendaire de cousinage ethnique qui nous a jusqu'ici valu ce bon vivre ensemble. Mais nous avons surtout revu cette forme d'hypocrisie souvent intellectuelle, qui cherche toujours à minimiser les choses les plus graves en les comparant à d'autres, aussi condamnables ou répréhensibles. C'est juste aberrant d'entendre des élucubrations farfelues, les unes aussi énormes que les autres pour justifier l'injustifiable. Arrêtons de nous décharger sur les autres et regardons la réalité en face, car c'est petit, c'est malsain.

Mais la question devrait être : pourquoi et comment en sommes-nous arrivés là ? (À suivre...)

23. Le pouvoir du pourboire !

Publié le 8 septembre 2017

<< L'ESPOIR entretient la flamme du combattant, L'AUDACE aiguise sa DÉTERMINATION, la RAISON gère sa PASSION, sauf que L'ATTENTISME et le FATALISME confortent L'INACTION. >>

Bocar GUEYE (Demain... Une autre Afrique)

Au-delà des martyrs, l'Afrique a plus que jamais besoin de vainqueurs dans l'âme. La bataille est rude, le chemin sinueux ; seuls resteront debout les endurants, avec une foi inébranlable et une lucidité sans faille. Combattre l'injustice sur toutes les formes est synonyme de grandeur, l'apanage de tout être humain conscient de ses droits et devoirs. Loin d'une vision lunaire, une justice sociale et sociétale nous est bien accessible. Les grands discours n'ont jamais vraiment changé les choses, mais contribuent d'une certaine manière à la conscientisation des masses. Et un peuple conscient est un peuple debout, prêt à prendre les rênes de sa destinée. Alors, je suis convaincu que tout individu épris de justice et de bonne gouvernance, qui prend son bâton de pèlerinage, mérite d'être soutenu dans son noble combat ; même s'il est clair qu'on ne peut être totalement sur la même longueur d'onde. Car chaque esprit fertile vagabonde à sa guise, mais l'objectif reste le même : une Afrique unie, debout, libre et prospère. Sur cela, nous serons toujours en phase. On est censés se compléter, non se combattre, en tant qu'Africains avant d'être Sénégalais ou autre.

Maintenant, comment appréhender ce défi titanesque, cette bataille générationnelle, sous le prisme de nos dogmes ? Peut-être que notre peuple a été mis à l'écart de son propre combat inconsciemment, puisque les réunions, débats et communiqués politiques ou citoyens n'ont plus aucun écho sur lui. Il les zappe au profit de séries télévisées, d'émissions qui parlent de lutte, foot, musique, etc... et quand on lui fait la remarque, la réponse est presque toujours aussi cinglante : << niom nieuppeu yém >>, << politiciens tous pareils, tous pourris, alors mieux vaut chercher comment s'en sortir ou comment faire partie du partage du gâteau >>. Des chômeurs, des marchands ambulants, des étudiants, des transporteurs, des ouvriers, des enseignants, etc... Des citoyens mécontents mais chacun se sent esseulé dans son combat et dans sa quête de justice. Divisé, chacun subit, souffre, hurle et se débat en vain. Beaucoup ont perdu espoir, alors j'ose espérer que la foi qui anime un homme comme Kémi Séba puisse être salutaire à la jeunesse africaine. Il a été constant jusqu'ici et son sacrifice ne doit pas sombrer dans le néant. L'histoire politique africaine est jalonnée d'épisodes douloureux, et le moment est venu de se départir de ce sentimentalisme lourdaud, ces émotions temporaires, sélectives et passagères, où l'on s'apitoie sur le sort de quelqu'un sans vraiment le soutenir.

Il ne s'agit pas du fait d'avoir brûlé un billet de banque, un geste discutable. Il ne s'agit pas non plus d'avoir tiré sur nos dirigeants, puisque nous le faisons presque tous. Mais le fait d'avoir posé le débat avec détermination, et surtout porté le combat sur le terrain. Jusque-là, nous vivions une série où chaque épisode, nous orientait vers un personnage principal pendant quelques semaines. Ensuite un nouvel acteur venait chambouler le scénario, et on se retrouvait sur un autre thème où la passion l'emportait toujours sur la raison. En passant, on est fatigués de la vacuité des << lives >> sur Facebook, avec des querelles de bornes-fontaines qui viennent polluer notre fil d'actualité, ou des thérapies de groupe autour d'un buzz éphémère, si ce n'est la promotion de la vulgarité et de l'indécence, par des leaders d'opinion autoproclamés, un mysticisme individualiste, porte-voix d'un peuple virtuel, incarnant au passage tous les vices de nos politiciens professionnels. C'est dit ! Tâchons de rester sur l'essentiel cette fois-ci, car le combat contre le franc CFA est une fenêtre de tir sur les oligarques. Même si l'on attend qu'il soit porté aussi par plus d'économistes africains, panafricanistes d'envergure ; avec toute l'expertise qu'il sied, afin d'assurer nos arrières.

Un compatriote m'a dit avoir honte d'être sénégalais par rapport à l'expulsion de Kémi Séba. Je lui ai répondu que c'était une injustice parmi tant d'autres, que la liste était longue et exhaustive depuis 2012. Mais à chaque fois, on passait à autre chose. Ce combat n'est pas celui d'un homme, ou d'un organisme quelconque face à l'impérialisme. Mais une responsabilité générationnelle, notre destin commun immuable ; en tant qu'Africains meurtris par un système désuet, qu'il faut affronter avec courage et lucidité. Cependant, nous n'avons pas à baisser le regard face aux autres, à cause d'une décision de nos autorités étatiques, condamnable. Aucune raison d'avoir honte ; à chacun ses responsabilités face à l'histoire, et le problème est continental, donc énorme. Sauf qu'on n'a pas voix au chapitre, si on ne daigne même pas s'inscrire sur les listes électorales chez soi. Nombreux sont ces activistes virtuels ou débatteurs véhéments, qui n'ont jamais pris la peine d'aller voter. Les ramifications de leur irresponsabilité, viennent forcément déteindre sur les efforts des autres citoyens, qui ne cessent de se battre pour une véritable indépendance.

Enfin, l'opposition sort de son hibernation… pour un semblant de dialogue. 2019 pointe à l'horizon, alors il revient au peuple souverain de faire le bilan et de reprendre son destin en main !

24. Re-manie-ment, la médiocrité dans la continuité !

Publié le 15 septembre 2017

Abou Houraira rapporta que le Prophète Muhammad psl avait dit : Trois défauts sont parmi les signes de l'hypocrite : quand il parle, il ment, s'il promet, il ne tient pas sa promesse et si on lui confie un dépôt, il le trahit. >>

Boukhari & Muslim

Le rappel est souvent pédagogique, mais les répétitions finissent toujours par lasser, à fortiori quand le niveau est bas. Depuis quelques années maintenant, la parole donnée a perdu sa sacralité face aux aspirations purement politiciennes. Un maniérisme légitimé par les assauts répétitifs d'individus foncièrement véreux. Ceux qui s'en émeuvent encore, donnent du crédit à des gus qui ne cessent de bafouer nos institutions. Ces signataires des Assises Nationales qui sont aux affaires ; hier pourfendeurs des caisses noires, aujourd'hui bénéficiaires et défenseurs dans l'âme. Ceux qui promettaient à tout va un mandat unique de cinq ans, sous la bannière de l'éthique et de la morale républicaine, sous couvert de nos valeurs culturelles et religieuses, se sont transformés en renégats. Alors qu'ils mettent en place un gouvernement pléthorique de plus de 80 ministres n'est pas surprenant, mais plutôt choquant par l'étroitesse d'esprit ou l'inconscience dans l'incompétence, et l'impertinence qui frise la constance dans l'arrogance achevée. C'est juste aberrant ! Une aberration pour une population de 15 millions d'habitants, dans un pays où la nomination ministérielle devient une récompense pour service rendu. Des avantages, rien que des avantages, là où la masse est à la ramasse, pour certains jusque dans la crasse.

Est-il possible que des esprits éclairés puissent être aussi tordus ? Que ceux qui sont censés être des solutions à nos nombreux problèmes, deviennent systématiquement les sources de nos maux. Tous ces Individus qui ont trouvé un semblant de travail à travers la politique politicienne. Des hommes et des femmes qui ne réfléchissent qu'en termes de communautarisme politique, et d'un sectarisme loin de toute forme d'idéologie salutaire à la Nation. Il leur serait certainement impossible de justifier leur salaire vertigineux, et autres avantages faramineux au détriment du peuple. On en arrive à des individus qui pensent être nés pour devenir ministres, alors même, sans compétence ni portefeuille. On menace de << tout déballer >>, on fustige les comportements anti-démocratiques, on démissionne du parti au pouvoir, parce que simplement on n'a pas été retenu dans la nouvelle équipe. Et pourtant on ignorait royalement les aspirations du peuple, tant qu'on était du bon côté de la barrière. Mais lorsqu'il s'agit de notre petite personne, on est offusqué et offensé au point d'appeler à une révolution immédiate. Que de procès d'intention et querelles fratricides pour nous divertir. Cela pourrait être drôle dans d'autres circonstances, sauf que l'heure est grave. Où est alors cette conscience professionnelle qui appelle à la responsabilité étatique ? Le fait de défendre l'intérêt commun avec raison, de mettre en place une politique de développement, dans tous les secteurs ?!

Non, ces rebuts politiciens ne méritent même pas notre attention. Nous avons la terre, le soleil, la mer, des fleuves, des esprits fertiles, des jeunes... tout ce qu'il faut pour réussir à bâtir une grande Nation. Malheureusement, la désespérance a pris le dessus sur l'espoir. D'aucuns ont préféré jeter les armes et hypothéquer leur destinée à une minorité, trop souvent manipulatrice et réfractaire à l'intérêt commun. Des sangsues, qui semblent ne lutter que pour leur seule survie au détriment des populations. L'autosuffisance alimentaire, l'éducation et la santé accessibles à tous devraient être l'objectif derrière tout engagement politique. Vivons au présent afin de mieux identifier et combattre l'ennemi, étape par étape. C'est bien de manifester contre le franc CFA, mais encore mieux de se battre pour une véritable démocratie chez nous, une justice sociale et sociétale. Tout combat contre l'oligarchie et l'impérialisme est noble, mais il faut d'abord être fort pour le porter mentalement et physiquement. Juste ne pas confondre patriotisme et nationalisme. Le patriote, comme tout bon citoyen est un nationaliste de circonstance. C'est l'extrémisme, le nationalisme chronique qui est une tare. S'enfermer dans une bulle atypique ne peut que renforcer l'ignorance, même si la préférence nationale est une meilleure solution et qu'il faut l'assumer sans ambages. Pour être fort, il faut d'abord être indépendant à tous les niveaux.

Ce 14 septembre 2017, l'installation de notre 13ème législature a coïncidé avec le 20ème anniversaire du rappel à Dieu de Serigne Abdoul Aziz Sy Dabakh (14 septembre 1997). Son sermon aux députés d'alors, restera toujours d'actualité. Un homme que les Sénégalais aiment bien appeler au secours depuis l'au-delà, ce qui semble paradoxal. Car son illustre bâton de prêcheur à l'abandon, orphelin depuis sa disparition, souffre de solitude face à des êtres vivants aphones ou inaudibles ?!

<< Lorsqu'en plein combat on commence à regretter les martyrs, à appeler au secours les héros disparus, c'est que l'on commence sérieusement à douter sur ses capacités et son potentiel à parvenir à la victoire finale. La mémoire, l'esprit, l'idéologie, le courage, les sacrifices de nos nobles disparus peuvent nous galvaniser, mais les regrets nous affaiblissent en interférant de façon indue sur la force que procurent nos rêves de justice. S'évertuer à reprendre avec courage et abnégation le flambeau, s'armer de cet esprit jadis révolutionnaire est une nécessité. Seuls les patients et les endurants y parviendront car le doute engendre la peur qui est l'ennemi de l'ambition. >>
Bocar GUEYE (Demain... Une autre Afrique)

25. Qui se sent morveux... se mouche !

Publié le 19 janvier 2018

<< Une véritable indépendance commence par une liberté de penser, ensuite d'agir, et à ce niveau nous semblons prisonniers de nos fantasmes. Le fait de porter plusieurs combats en même temps, risque non seulement de nous affaiblir psychiquement et physiquement, mais joue sur notre crédibilité (...)
Entre agir et réagir, le gap est énorme. Agir à temps et en toute lucidité, ou réagir sous le coup de l'émotion... >>

Bocar GUEYE (Demain... Une autre Afrique)

Le président des USA nous a encore une fois manqué de respect, malgré ses dénégations. Je pense que rien ne peut excuser cette avanie, encore moins la pauvreté. On dit souvent que l'Afrique est riche mais les Africains sont pauvres, sauf que toute assertion n'est pas sans faille. Nos dirigeants sont beaucoup plus nantis que leurs homologues occidentaux à qui ils quémandent pourtant de l'aide à longueur de sommets. Rien que leurs comptes bancaires et biens immobiliers hors du continent, pourraient développer plusieurs secteurs aux abois chez nous. Juste une aberration ! Alors, revenons à nos moutons. Car le mépris engendré par l'irresponsabilité de nos gouvernants face aux autres, impacte à juste titre sur le peuple. Spectateurs devant l'injustice sociale, craquant sous le poids de cette précarité criminelle qui pousse les jeunes africains vers l'inconnu, dans le désert ou dans des embarcations de fortune, préférant braver la mort ou l'esclavage ailleurs que de se battre chez soi. Pour une fois que nous sommes unis, c'est pour exiger des excuses à un individu qui n'en a rien à faire de nos états d'âme. Donald Trump suit son programme pour l'Amérique dont il rêvait, alors nos gesticulations passeront comme un léger courant d'air. Mais sommes-nous capables de nous réunir pour travailler main dans la main, sommes-nous prêts à l'union des cœurs et des esprits pour le combat contre la véritable injustice ? Avons-nous réellement identifié notre véritable ennemi ?

Nous n'avons pas notre propre monnaie, nous acceptons d'être endettés par ceux-là mêmes qui nous ont spoliés, exploités et qui continuent de mettre leur nez dans la gestion de nos pays. Tous ces contrats paraphés par notre chef d'État au profit des entreprises françaises, en sont une illustration parfaite parmi tant d'autres. Alors la meilleure réponse à Trump aurait été de s'évertuer à remettre ce pays meurtri sur les rails, afin qu'au-delà du Sénégal, le continent africain devienne réellement indépendant : indépendance culturelle, indépendance économique, indépendance militaire, indépendance judiciaire, etc...
Pour gagner le respect des autres, l'autosuffisance alimentaire, l'accès à la santé et à l'éducation doivent impérativement être un acquis dans tout le continent africain. Malheureusement, l'intolérance, le manque de considération entre nous, cette volonté insatiable de chercher toujours à avoir raison sur les autres, ces visionnaires autoproclamés, démagogues et imposteurs confondus, constituent notre mal intérieur. On est déjà assez méprisant les uns envers les autres, pour que quelqu'un de l'extérieur vienne nous en remettre une couche.

Alors, il devient impératif de revenir sur la vision citoyenne libre et réaliste, celle qui consiste à écouter attentivement les autres, à analyser sereinement leur opinion, à leur donner le crédit nécessaire, à accepter la contradiction, les débats d'idées, à prendre du recul quand il le faut, afin de revendiquer librement nos droits, parce que conscients et respectueux de nos devoirs.

Nous rêvons encore de réussir le choix de nos dirigeants, des femmes et des hommes forts pour des institutions fortes, complètement décomplexés dans un État souverain; d'évoluer dans un environnement professionnel où le pragmatisme devient indéniable, loin des clichés, de l'oligarchie, du népotisme, de la félonie... Mais il y a un sujet à réflexion, on ne peut constamment crier au diable quand il s'agit de l'Occident, alors que pour diriger nos pays, il faut être un pur produit de l'école coloniale. Il serait insensé chez certains de le dénoncer, et c'est peut-être l'une de nos tares. Voilà un modèle bien ancré chez nous, qui nous a maintenus dans la servitude, dans la complaisance et le complexe face à l'Occident. On ne se pardonne pas les erreurs dans la langue de Molière, alors qu'on est incapables de parler nos langues nationales sans fausses notes. Notre diversité sera valorisée lorsqu'elle sera gérée selon nos propres réalités. Nous ne sommes pas toujours fiers de ce que nous sommes, mais de ce que les autres ont fait de nous.

Pour conclure avec la crise dans le sud du Sénégal, je ne trouve pas de mots assez forts pour définir cette forme de lâcheté, cette ignominie qui pousse à tirer sur des civils désarmés. Ces histoires de déforestations dépassent de très loin ces pauvres jeunes, victimes de la précarité, mais aussi d'une insécurité notoire que seul un État peut gérer. Si les citoyens se faisaient justice eux-mêmes par des rafales de mitraillettes pour tout acte d'incivisme, on n'ose même pas imaginer la situation. Ce drame familial qui perdure depuis plusieurs décennies maintenant, a

naturellement des conséquences néfastes sur notre quotidien, un impact négatif sur notre bon vivre ensemble, nos lendemains...
C'est rageant de voir des Africains, Sénégalais de surcroît, appeler encore à la division dans la faiblesse. Dommage que certaines parties de cette belle région Casamançaise, qui devaient être des havres de paix parmi tant d'autres, soient transformées en zones lugubres de non-droit. Aucune motivation ne pourrait justifier ce genre de combats, qui ne fait que nous affaiblir davantage face à l'ogre impérialiste et oligarchique. Notre histoire c'est notre passé qui a engendré notre identité actuelle. Il est juste aberrant pour un Africain qui se dit fier et consciencieux, d'appeler à la division en se référant sur des archives coloniales. Un découpage colonial pour justifier une ineptie du genre, est un argumentaire fallacieux susceptible de déstabiliser une famille qui n'en a absolument pas besoin.

Toute organisation basée sur l'inconstance et l'impertinence mène irrémédiablement vers une inconscience collective. Une hérésie qui ne peut engendrer que haine et violence. Sous couvert d'idéologies fabriquées de toutes pièces, ils sacrifient des générations entières. Et comme dommages collatéraux, on assiste à la croissance d'hordes d'illuminés, gavés de discours captieux au point de chercher et de créer la division dans des pays déjà à terre. Derrière chaque acte conflictuel posé, il y a un vecteur d'intérêt particulier sous la coupole de l'orgueil, de la lâcheté et de l'indélicatesse, mais aussi de l'appât du gain. Une situation catastrophique pour de nouvelles victimes collatérales, a fortiori quand on fait appel à l'ethnocentrisme ou au clanisme religieux. Les idées sournoises qui tendent vers une dichotomie sont palpables chez les esprits exigus. Une mentalité contraire à nos valeurs culturelles et morales. Alors, n'est-ce pas légitime de se poser la question à savoir, à qui profite le crime ?
L'Union fait la force, et tous ceux qui se battent pour diviser des populations appelées à vivre et à cohabiter ensemble pour

continuer à exister, font du mal à notre cher continent. La division n'a jamais été une bonne solution, à fortiori dans une même famille. On vit ensemble, on construit ensemble, on défend ce que nous avons bâti ensemble... Et on meurt ensemble !

26. Tarte républicaine !

Publié le 8 mars 2018

<< La violence psychique engendrée par le mépris d'un homme ou d'une femme qui incarne une haute fonction politique ou religieuse, peut et doit être bannie dans notre société. L'injustice sociale provoque un mal-être qui intoxique l'individu au point de causer une véritable détresse psychologique chez certains. Tout être humain a besoin du minimum nécessaire pour vivre décemment, dignement. Ainsi tout ne peut être parfait, mais la seule volonté de rétablir une justice sociale par des actes concrets, serait déjà un énorme réconfort pour les cœurs meurtris par les déceptions politiciennes à répétition. >>

Bocar GUEYE (Demain... Une autre Afrique)

Servir la Nation ou servir un homme… Être au service d'un homme ou de la République… la patrie ou le parti… Se servir du peuple ou servir le peuple... Mais n'est-ce pas que devoir à un homme qui doit au peuple c'est devoir au peuple ?! Je ne reviendrai pas sur les conditions qui ont permis au président Macky Sall d'accéder à la magistrature suprême. Mais chercher à nous faire croire qu'il serait capable de passer au premier tour en 2019, est un aveu grotesque de la peur qui habite un gouvernement pléthorique, obnubilé par un second mandat. Nous n'avions cessé à l'époque de dénoncer ce simulacre de référendum, première étape vers une forfaiture programmée, avec la possibilité de viser 3 mandats. Puisque la couleur est déjà annoncée, chaque citoyen est interpellé.

La sortie du Ministre de l'Intérieur sénégalais Aly Ngouille Ndiaye, a provoqué une levée de boucliers auprès des Sénégalais épris de justice et de bonne gouvernance. On ne peut être juge et partie ! Au-delà de l'indignation sélective des surfeurs politiciens professionnels ; toujours prêts à tutoyer n'importe quelle vague populiste. Ces propos dithyrambiques et réconfortants pour le candidat autoproclamé chef d'État-chef de parti, ne peuvent être simplement analysés sous l'angle d'un militant de l'APR. Une insulte suprême à notre intelligence, du moment que nous parlons d'un homme qui dirige le département ministériel chargé de veiller au bon fonctionnement des affaires de politique intérieure, et qui en particulier, chapeaute l'administration et la police. Oui, nous parlons d'un poste stratégique qui demande de la hauteur, car c'est d'une logique élémentaire qu'un ministre de la république se doit d'être au-dessus de la mêlée, a fortiori s'il est chargé d'organiser des élections libres et transparentes.

Sauf qu'il suffit de jeter un bref coup d'œil sur l'attitude des nombreux répondeurs automatiques et autres chargés de la communication du gouvernement, pour constater l'étendue des dégâts. L'amateurisme est une chose, l'incompétence chronique une autre, mais cette inconscience des valeurs républicaines au plus haut niveau, frise la folie. Le pouvoir rend fou, sinon comment expliquer ce confort dans l'impertinence. Ils trouveront toujours une explication à tout, d'autant plus que ce sont nous autres qui ne comprenons jamais rien. Ainsi, je ne m'attarderai pas sur la sortie très médiatisée du ministre Youssou Ndour, qui a quand même réussi à détourner le débat. Un artiste immense, doublé d'un homme d'affaires redoutable. Mais il a tendance à confondre la politique et le business, et à force de tirer sur la corde, elle finira par se casser. L'artiste, l'homme d'affaires, on peut l'aimer ou le détester ; il est respectable. Quant au politicien calculateur et opportuniste, il ne peut être que méprisable.

Des sujets brûlants sont laissés en rade, avec une désinvolture presque criminelle. L'insécurité, particulièrement dans le sud du Sénégal où nos vaillants soldats s'évertuent à défendre l'intégrité du territoire national. La dichotomie n'a pas sa place dans notre société. Les policiers comme toutes forces de l'ordre sont issus du peuple, alors il n'y a pas de place pour semer la haine, mais plutôt sensibiliser les citoyens sur le civisme à tous les niveaux. La précarité, le désespoir, le nihilisme, la passion... Les différences de classe sociale peuvent susciter plusieurs sentiments néfastes à notre bon vivre ensemble.

Nombreux sont ces compatriotes éparpillés à travers le monde, à la recherche du bonheur. Le nœud de l'énigme se trouve peut-être dans l'analyse et la compréhension entre réussir sa vie et réussir dans la vie. Nos illustres aïeuls avaient trouvé la bonne réponse, cette lumière divine qui guidait leur parcours, leur enseignement, leur vie éternelle... Ces qualités humaines qui traversent les générations. Ces vertus qui font les belles vies, utiles, pleines de sens et de bon sens. Des femmes et des hommes de valeur qui ont écrit l'histoire du Sénégal, voire de l'Afrique, avec des lettres d'or sur des pages de noblesse. L'humilité dans la sagesse, l'intégrité dans la dignité, le courage dans la vérité, la richesse du cœur pour faire triompher la paix dans une justice sociale et sociétale.

Un énième sénégalais a été froidement assassiné en Italie. Paix à son âme ! De plus en plus de victimes du racisme occidental, de l'intolérance, d'une haine viscérale de l'autre...

Cet autre << oisif errant >>, esclave de son destin, vers l'inconnu d'un dessein hypothéqué par des dirigeants véreux, insensibles et sans vision. Obnubilés par un pouvoir éphémère qui leur a été confié, et qu'ils cherchent à perpétuer jusqu'à la monarchie. Ils sont prêts à sacrifier des générations entières afin d'assouvir leur soif de pouvoir, insatiable. Ailleurs on est maltraités, méprisés, abattus comme des moins que rien. Abandonnés à notre sort, malgré les sacrifices énormes pour entretenir nos familles. Chez nous, la psychose s'est installée, avec les enlèvements et meurtres d’enfants et de femmes, l'insécurité instaurée, et le débat politicien plus bas que terre. Alors, la double casquette de ministre-militant ne pourrait aucunement justifier cette sortie de route de notre ministre de l’intérieur.

Un peuple debout est un peuple conscient, prêt à prendre son destin en main. La responsabilité individuelle avant d'arriver au collectif, car << un moustique ne peut rien contre un rhinocéros, mais mille moustiques peuvent le contraindre à changer de direction >>.

TABLES DES MATIÈRES